親子で一緒にやるからできる

中学生の勉強大全

道山ケイ

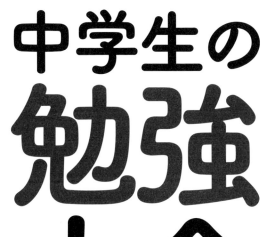

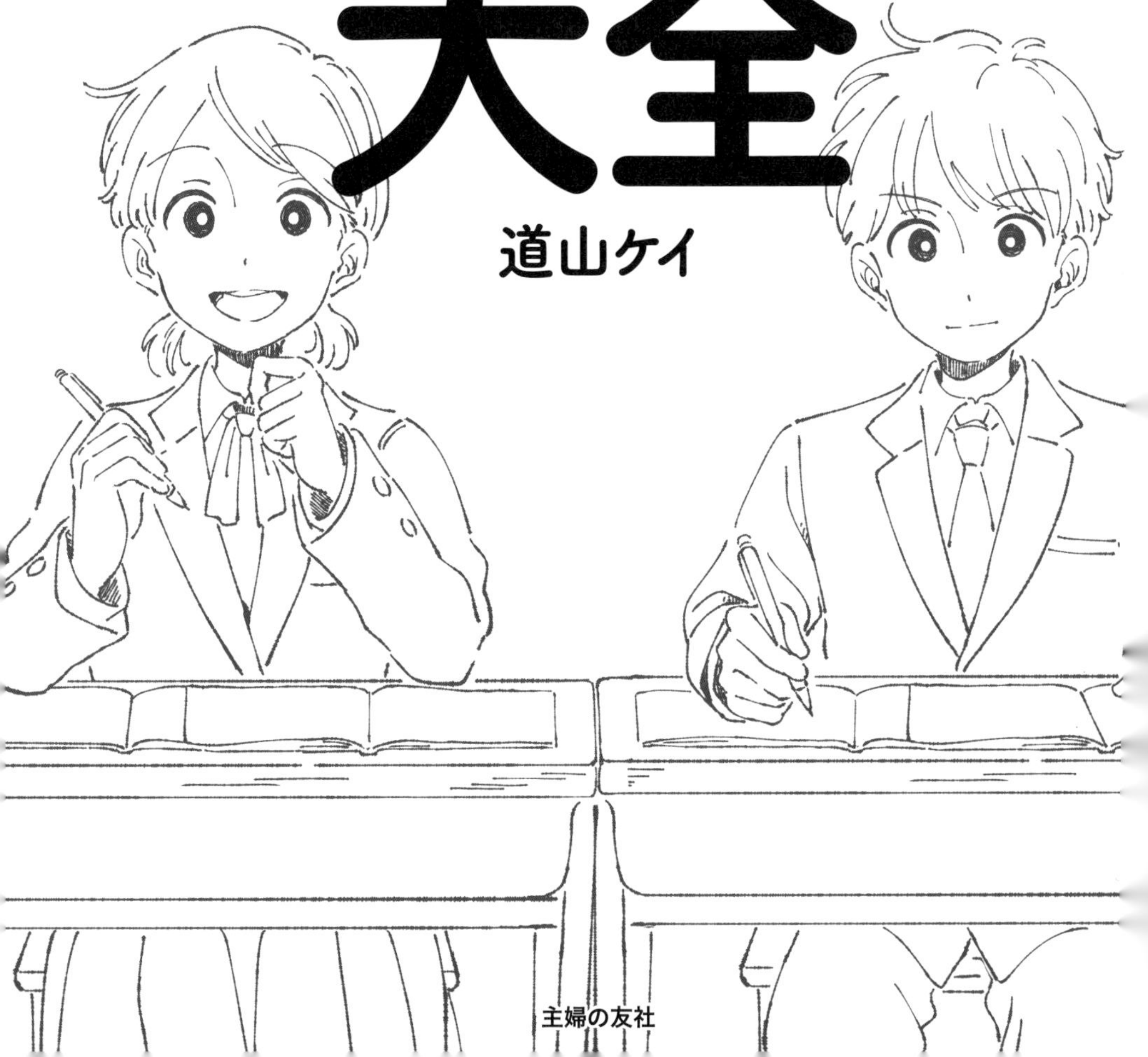

主婦の友社

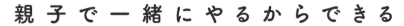

一緒に成績アップしよう！
元中学校教師。今は YouTuber をしています
今やる気がなくても、成績は上がります
ゲーム依存・不登校でも高校受験に合格できます
道山流で勉強すれば、同じ勉強時間でも点数アップします
恋愛、友達関係、部活も充実します
道山ケイです よろしく！

1万組以上の親子の勉強、受験、子育てをサポートしました

はじめまして。思春期の子育てアドバイザーの道山ケイです。私は、2014年まで公立中学校で教師をしていました。現在は、子ども向けに効率のいい勉強法、高校受験対策、学校での悩み解決法を、保護者向けに思春期の子どもへの接し方、問題行動の解決法、才能が開花する子育て法を、YouTube、メルマガ、勉強会を通して伝えています。

ありがたいことに**「道山流で勉強したら、5教科合計100点以上上がった」「道山流で子どもに接したら、スマホ依存や不登校が改善した」**という報告をたくさんいただいています。

誰でもオール「4」以上。今、「4」の子は「5」がとれます！　一緒に頑張りましょう！

中学生のキミと保護者の方へ

中学生の頃、私は勉強が大嫌いでした。しかし、母親のある言葉でやる気が上がり、オール5をとったときから大好きになりました。

「道山先生は、中学生のときから勉強が好きだったんですか？」

教師のとき、生徒からよく聞かれたことです。先生になるくらいだから、小さい頃から勉強が好きだったのでは？と子どもたちは感じたのでしょう。

しかし、私は勉強が嫌いでした。

小学生の頃は、授業中すわっていられず、先生から叱られていました。

中学生の頃は、部活が終わると友達の家で夜までゲームをしていました。ドラゴンクエストにハマったときは、朝5時に起きてゲームをしてから学校に行っていたほどです。勉強するくらいなら、一日中ゲームをしたいと思っていました。

しかし、なぜかテスト前になると、勉強していました。これには、秘密があります。

テスト前に母親が「次のテストで成績が上がったら、おこづかいを増やそうか？」と声をかけてきたのです。私は、その作戦にまんまと引っかかり、勉強しました（笑）。ここで、おもしろいことが起こります。

最初は、おこづかいをもらえるのが嬉しくて勉強していたのに、あるときから成績が上がることに喜びを感じるようになったのです。すると、何も言われなくても勉強できるようになりました。

そして、中学3年生のとき内申点でオール5をとることができたのです。

小学生の頃、席にすわって授業を受けられなかった子がオール5をとるなんて、当時の母親には想像もできなかったでしょう。ただ、今考えると、勉強を頑張れたのは自然な流れだったと思います。子どもって、ちょっとしたごほうびがあるとやる気が出るんですよね。

こんな子ども時代を経て、私は教師になりました。ただ最初は失敗続きで、生徒がまったく勉強しませんでした。その結果、定期テストでクラス順位が学年ビリになってしまったのです。

そんなとき、「ひょっとして、小さい頃にお母さんがかけてくれた言葉って、すべての子どもに効果があるんじゃないか」と思いました。そこで生徒に、「クラス順位が上がったら、好きな席にかえようか？」と話してみたのです。

その結果、子どもたちのやる気に火がつき、学年ビリだったクラスが、9カ月で学年トップになりました。つまり、先生が行っても効果がある方法だったのです。

教師をやめて思春期の子育てアドバイザーになってからは、全国の親子にこの方法を教えました。すると、

「勉強嫌いでスマホ依存だった子が、次のテストで113点アップ」

「反抗期が激しく親と食事すらとらなかった子が、481点獲得」
「不登校だった子が、学校に行けるようになり462点獲得」
など、たくさんの子が成績アップしたのです。これまでにこの方法で結果が出た子は、1万人を超えています。

もちろん、これだけでは成績が上がらない子もいるでしょう。例えば、勉強方法を間違えているケースです。

中学生は、毎日、宿題、部活、ゲーム、YouTube、LINEなど、やることがたくさんあります。勉強は、忙しい生活の中で進めていかないといけないので、効率が悪いと時間が足りなくなってしまうからです。

また、親子の仲がよくない場合も成績は上がりません。毎日ケンカをしていたら、疲れてしまうからです。まとめると、

条件①　親子の仲がいい
条件②　やる気がある
条件③　勉強の効率がいい

という3つがそろうと、成績は上がるのです。

本書は、この3つを中学生向けの本編と保護者向けの別冊で解説しました。本編part1ではやる気をアップする「ごほうび作戦」、part2・3では勉強効率を上げる「おうち学習法」を紹介しています。別冊では、親子

の仲をよくする「なかよし貯金のため方」をまとめました。

題して「おうちで成績UPプログラム」です。すでに、1万人以上が成績を上げた方法です。オール1からオール4以上まで、どのレベルでも結果が出ています。また、公立中学校に通う子どもだけではなく、私立、中高一貫校に通う子どもでも問題ありません。

このプログラムを行えば、9教科オール5をとることもできます。そこまでいかなくても、オール2をオール3に上げるのは楽勝です。

ただし、このプログラムは、親子で一緒に行うことが大切です。

そこで本書を購入したら、本編は勉強する本人が、別冊は保護者の方が読んでください。1カ月後には、成績が上がると思います。

しかし、効果的な方法だからこそやり方を間違えると危険です。お父さんやお母さんが別冊の方法を実践しないと、親子関係が崩壊します。

そこで、1つだけお願いがあります。子ども任せにせず、お父さんやお母さんには、絶対に別冊を読んでいただきたいのです。できれば取り外して、毎日見直していただけないでしょうか。この別冊を読む時間がない場合、本書の購入をおすすめできません。

守っていただけますか？

ありがとうございます。必ず成績が上がると約束します。では、本編へお進みください。

目次

保護者向け別冊 保護者の方はこちらをどうぞ!

保護者の勉強サポート大全

親子で協力して、5教科合計112点アップ!

大阪府　蒼太くん　中学2年生

チュン…

チュン…

今日、学校行きたくない…

何言ってるの
行きなさい
今日の給食、好きなゼリーじゃない
ムッ…

あの頃は理由もなくイライラしていて、何をやってもうまくいかなかった。

中学校にもなんだかなじめず友達関係もうまくいかなかった。気の合うやつがいなかったんだ。

授業についていけないことも増えて宿題も答えを写して適当に出していた。

サッカー部に入ったけれどトレーニングばかりでつまらなかった。

部活のあとは塾にも行くため帰りは夜遅く、毎日くたくただった。
お母さんは「やればできる子なのに」「塾が合わないなら塾かえる？」とぶつくさ言ってきてウザかった。
あるとき、ボクが好きなミュージシャンについて話したとき、これまでは忙しそうにして上の空で話を聞いていたお母さんは熱心に話を聞いてくれた。
Official髭男dismの曲ってどんなの？
これだよ
あら、なかなかいいじゃないお母さんも好きだな
一緒に音楽を聴くようになり、お母さんとよく話すようになっていった。
毎日部活で3キロも走ってるんだすごいね
今日も学校頑張ったね！

遅刻しそうになった朝は、「学校まで送って！」と頼んだりできるようになった。

OK！任せて！

忙しい朝に車で学校まで送ってくれたんだ。

イライラが軽くなっていき気の合う友達もできた。勉強や宿題も少しずつ頑張れるようになってきた。

もう少し点数上げたいな…

単語カード作るの手伝ってくれない？

いいわよ
勉強のコツがつかめてきて、少しずつはかどるようになってきた。

お母さんは
医療事務の資格をとると言って
ボクのそばで勉強を
するようになった。
結果、1年生の3学期には
5教科合計 212点だった点数が、
2年生の1学期には
324点まで上がったんだ！
合計
324点
ペースがつかめてきて、
今は多少疲れていても
最低限の勉強は
できるようになっている。

別冊を親に読んでもらおう

ボクの経験上、親子関係が悪いと成績は上がらない。そこで「親の言葉や行動にイライラする」なら、この本についている別冊を読んでもらおう。キミの気持ちをまとめてあるから、向き合い方を変えてくれるはず。親子関係がよくなれば、お父さんやお母さんも喜ぶよ。

ごほうび作戦を実践した結果、5教科合計117点アップ！

東京都　しおりさん　中学2年生

中学受験をして名門私立校に合格したとき、本当に嬉しかった。看護師になりたいという小さい頃からの夢を叶えるために、勉強を頑張ってやっていたからだ。

でも、中学校最初の中間テストのあと、その結果に大ショック！　クラスの平均点を割って、クラス順位も真ん中より下だったんだ。小学校時代はクラスで1番ぐらい勉強ができたのに！　勉強だってしなかったわけじゃなかったのに！　私とそんなに変わらないと感じていたクラスメートがみんな自分よりすごく優秀に見えてきて、頑張っても無理な気がしてしまった。

それに授業は難しく、進むスピードもとても速い。特に数学と英語が速くてしんどかった。次の期末テストではついにニガテな数学で赤点をとってしまって、だんだん勉強についていけなくなったんだ。

自信回復、やる気が戻ってきた

「おうちで成績UPプログラム」について教わったのはその頃のことだ。聞いてみたら、それは中学受験のときにやっていた、知っている方法ばかり。なんだ！　私、勉強得意だったじゃん！とちょっと自信回復、やる気が戻ってきた。そのとき「ごほうびを決めて頑張る方法＝ごほうび作戦」も教えてもらった。

お父さんとお母さんに頼むと、2人とも私のことをとても心配してくれていたようで、「ごほうび作戦」をやるのにすぐ協力してもらえた。

私の決めたごほうびは洋服！　私はオシャレが大好きで、いつも欲しい服がいっぱいある。でも私立に行っていることもあり、親はなかなか買ってくれなかったんだ。

次の中間テストで5教科合計50点アップで狙っている洋服を買ってもらう約束をした。

俄然やる気がわいてきた。その結果、5教科合計244点だったのが、5教科合計361点と、すぐに117点上がった！

ごほうび作戦大成功！　決めた点数の倍上がったので、おまけの小物もつけてもらえちゃった。

今では自信を取り戻して、毎日勉強を頑張れるようになった。学校での勉強のコツもだんだんのみ込めてきた。

「ごほうび作戦」は本当におすすめ！　もしあなたがやる気がなかったら、ぜひやってみてね！

⬇ごほうびの方法はp.30で詳しく説明しています。

親にごほうびをお願いしよう！

中学生の時点では、勉強するメリットってイメージできないよね。そこでしおりさんのように「成績が上がったら○○」みたいなごほうびを決めよう。別冊をお父さんやお母さんに読んでもらったあとに頼めば、話を聞いてくれるはず。成績が上がれば、親も喜ぶよ！

嫌いだった音読を続けた結果、5教科合計420点に

埼玉県　けんたくん　中学2年生

まず結果の出たのが国語

ボクはもともと、性格がのんびり屋で、ガツガツ勉強するタイプじゃなかった。普段は宿題だけで、テスト前になってもお父さんやお母さんに言われないと、自分からはあんまり勉強することができなかった。やる気がないわけじゃなかったけど、「テスト勉強しよう」と思っても、正直、何からどう勉強していいかわからなかったんだ。

それが変わったのが中学1年の冬頃。勉強の基本は、「声に出して覚える」→「テストをする」ということだと教えてもらった。それを実践してみてすぐに効果の出たのが国語。それまでは、国語の教科書の音読をしていなかったんだ。声に出して本を読むのって、面倒だからね。でも、頑張って、テストの2週間前から、毎日15分くらい。テスト範囲の文を合計20回くらい繰り返し音読したんだ。すると、国語の点数が、82点から92点に10点もアップしたんだ！

そこからは成績アップの快進撃！

音読の威力を実感したボクは、次に英語の音読にも取り組んだ。授業の予習として、次の日に習うページを1回だけさーっと音読するようにしたんだ。そのとき、読めない&わからない単語の意味だけ辞書で調べておくのがポイント。それだけだから10分でできるんだけど、ここからボクの成績アップは快進撃（笑）！　授業で先生の言っていることが、今までと段違いに理解できるようになり、授業中に眠くなることもなくなった。

その結果、次の定期テストでは、5教科合計420点（学年平均283点）の自己最高点をとることができたんだ！　国語と英語はとにかく音読が基本。だまされたと思ってやってみてほしい。音読で全体をつかんでおくと、授業の内容がスルスルと理解できるようになるよ。

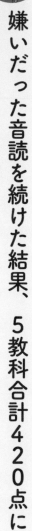

I enjoy learning about
Japanese culture.
English

あとは定期テストの点数アップのための「テスト勉強」では、学校のワークの繰り返しがとても重要。今までは1回だけやって、答え合わせしながらチェックするくらいだったけど、テスト前には国・英・数・社・理5教科それぞれ5回くらい繰り返した。その結果、国語、数学以外の教科もすべて点数アップしたよ！

「おうちで成績UPプログラム」に絞って効率よくやれば、成績を上げるのは思っていたより簡単。定期テストの2週間前くらいからやれば、確実に点数アップは狙えると思うよ！

⬇音読の方法はp.66で詳しく説明しています。

勉強方法を変えると成績は上がる

ボクの経験上、9割くらいの子は間違った方法で勉強している。その場合、けんたくんのようにやり方を変えよう。勉強時間を増やさなくてもそれだけで、成績は上がるよ。まずは、この本で紹介している勉強法を試してほしい。必ず成績が上がると約束する！

この本の使い方

この本は中学生向けの本編と保護者向けの別冊、
2つのパートからできています。

中学生向け

保護者向け

＼取り外しOK!／
巻末の別冊

中学生のキミが買ったなら

別冊を外して、お父さんかお母さんに「これを読んでみて」と渡してほしい。もちろん渡す前に読んでもいいよ。

もし保護者の方が購入したなら

別冊を外してから本編をお子さんにお渡しください。渡す前に中学生用本編も読んでおくことをおすすめします。

part 1

誰でも簡単に成績は上がる

1 この本で楽しく成績を上げよう

1、2年生

部活、恋愛、学校行事などをトコトンやって楽しもう。でも宿題、予習、テスト前の対策だけはきちんとしようね。

定期テスト

教科ごとに今の自分のレベルと目標をチェックして、合うやり方で対策をしよう。詳しくはp.60からを見てね。

3年生

遅くとも夏休み以降は勉強中心にしよう。あいている時間はすべて勉強するくらいの気持ちが必要だよ。

高校入試

勉強を始める時期、現在の成績、志望校の偏差値から逆算して計画を立てて取り組もう。p.88から詳しく説明しているよ。

夢の高校生活を送ろう

最初に質問！　キミはどういう流れでこの本を読むことになったのかな？　お父さんやお母さんから、「これで勉強頑張れ」と言われて渡された……という感じ？

もし、自分から成績を上げるためにこの本を買ったならスゴイよ。すでにやる気があるわけだから、すぐに成績も上がるはず。

今すぐｐａｒｔ２の勉強法をやってみて。

ただ、親からこの本を渡されて、しかたなく読むことになった場合も多いと思う。というか、おそらく８割くらいはそんな感じじゃないかな（笑）。

成績がアップすると…夢の高校生活

すると、「こんな本より、マンガを読みたい」「勉強しないといけないことはわかっている。でも、やる気が出ない」と思っているかもしれない。

もしキミがそうなら、もう少しだけボクの話を聞いてくれないかな？

この本に書いたことをやってくれれば、すぐにやる気が出るから。

すると今より楽に成績が上がって、夢の高校生活を送ることができるよ。それだけじゃない。高校卒業後も、

・一流大学に進学する
・楽しい大学生活を送る
・やりたかった仕事をする

ことができるから、この先の人生がどんどん楽しくなるはず。

2 小学校のときとは違う

自分には無理と思うキミへ

「将来楽しくなることはわかった。でも、自分には無理だよ」

「今も塾に行っているのに、成績が上がってない。自分は勉強がニガテなんだ」。ここまで読んで、こう思ったかもしれない。その気持ちわかるよ。

ボクも高校生のときに、学年最下位（３１９人中３１９位）をとったことがあるから。勉強がニガテな人の気持ちは、すごくわかる。でも、大丈夫。勉強にはコツがあって、それをマスターすれば誰でも簡単に成績は上がるんだ。

「でも、証拠はあるの？」

もしかしたら、こう感じたかもしれない。もちろんあるから、大丈夫。

やれば結果はついてくる

ボクはもともと中学校教師だった。初めて担任をしたクラスでは、最初のテストでクラス順位が学年ビリになってしまった。今でこそ笑い話だけど、当時は本当に落ち込んだよ。

「自分は教師に向いていないんじゃないか」と、いつも悩んでいた。そんなときに、この本に書いた方法をクラスで試してみたんだ。すると、みるみる成績が上がっていって、９カ月後のテストで学年１位になった。また、3年生の担任をしたときは、クラスの97％を第一志望校に合格させることもできたよ。

クラス全員の成績が上がった方法だから、キミが今、どんな成績でも必ず結果は出るはず。受験も必ずうまくいくよ。

２０１４年には教師をやめて、勉強を教えるＹｏｕＴｕｂｅｒになった。今では、年間３０００人くらいの子どもたちに、勉強法を教えている。これまでにサポートした中には、

- 次のテストで１００点以上アップ
- ５教科合計４５０点以上獲得
- 内申点オール５ゲット

した人が数え切れないほどいる。

一度「道山ケイ　成果報告」って検索してみて。

過去に成績が上がった人のテスト結果が、山ほど出てくるから。このように、キミもこの本のやり方で勉強すれば、必ず成績は上がるよ。

中学校では勉強せずに高得点はない

もしかしたらキミは、小学生のときはそこまで勉強しなくても、テストで90点以上とれていたかもしれない。ただ、中学校では同じようにはいかないよ。というのは、小学校と中学校はテスト範囲が違うからね。

小学校は、中学校よりもテストの回数が多い。そのため、範囲が狭くなる。極端な場合、1日前に習ったことだけ覚えていれば、100点がとれたりするんだ。

一方、中学校は1～3カ月に1回しかテストが行われない。そのため、1回の範囲が広くなる。さすがに1カ月前に習ったことって、忘れているよね。さらに、中学校になると勉強も難しくなって、覚える量も増える。だから、計画を立てて進めていくことが大切なんだ。

小学校では…
昨日習ったところだもんね♪
テストするよー
90

中学校では…
ヤッター!
90
モリ
モリ
コツ
コツ

3 勉強が好きな人なんていない

学年1位でも勉強嫌い

教師時代、クラスに成績が学年1位の人がいた。あるとき、彼にこんな質問をしてみたんだ。

「学年1位って本当にすごいね。昔から勉強好きだったの？」

そしたらなんて返ってきたと思う？

「先生、ボク勉強大嫌いですよ。高校に行くために、しかたなくやっているだけです」

驚いたね。学年1位をとるくらいだから、ゲームや遊びよりも勉強が好きだと思っていたから。

つまり、どれだけ成績がいい人でも頑張ってやっているだけ。キミも同じように頑張れば、学年1位をとることも夢じゃないよ。

もちろん、世の中には勉強が好きな人もいる。ただ、割合としては1％くらいじゃないかな。100人中99人は、勉強が嫌いだと思う。

みんな、やりたくないけどしかたなくやっているわけだ。

キミが勉強嫌いだったとしたら、無理に好きになる必要はない。ほかの人と同じように、勉強は「楽しい高校生活を送るためにやるもの」だと割り切ろう。

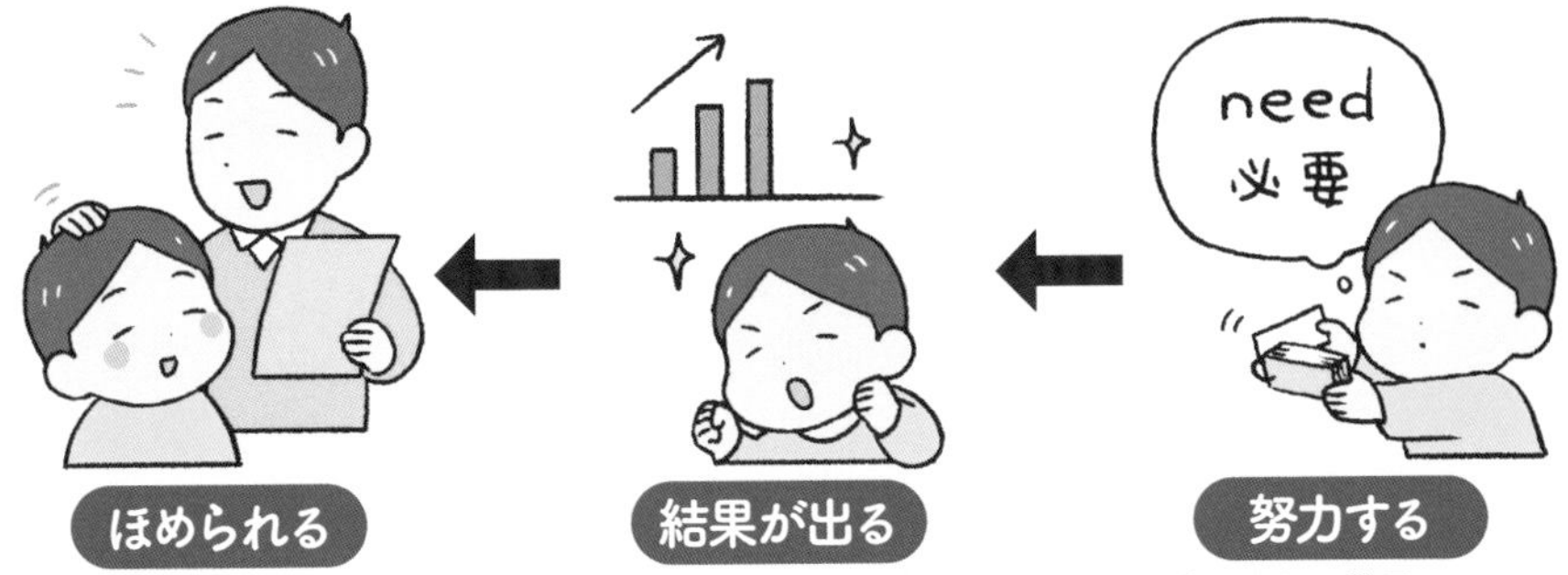

努力する まずはできる範囲でいいので、目の前のテストに全力で向き合おう。

結果が出る この本のやり方で勉強すれば、必ず成績は上がる。

ほめられる 少しでも結果が出たら、周りの人にほめてもらおう。次も頑張ろうと思えるはず。

少しだけ好きになるコツ

とはいえ、5分勉強したらイライラして叫びたくなるくらい嫌いだと、さすがにつらいと思う。そこで1つ、勉強を好きになるコツを紹介するね。

それは、**結果を出して思いっきりほめてもらうこと**。頑張って勉強したのに成績が上がらなかったらどうだろう。ますます、嫌いになるよね。

でも、頑張った分だけテストの成績が上がったらどうだろう。少しだけ、好きになるんじゃないかな？

そのタイミングで、お父さん、お母さん、学校や塾の先生が、

「なんだこの点数！　すごいじゃないか！　頑張ったね。本当にすごいよ。もしかしたら、勉強の才能があるんじゃない？」

とほめてくれたら、どうだろう。

正直、嬉しいよね。ボクだったら、鼻の下が伸びると思う（笑）。

そして、次のテストも頑張ろう！　とやる気が出るよね。

つまり人間は、嫌いなことでも、

①努力をする
②結果が出る
③思いっきりほめられる

というステップを踏むと、努力することが楽しくなるんだ。

そこで、この本の勉強法を実践して、次のテストで必ず成績を上げよう。そして、みんなにほめてもらおう。

成績が上がることが楽しくなると、勉強もそこまで嫌じゃなくなるよ。

また、ライバルを見つけて「負けたくない！」魂で勉強するのもアリだよ！

4 やる気UP法 step1 ゴール確認

まずは高校に行きたいかどうかを考えよう

キミは中学校を卒業したら、どうしたいのかな？　高校に行きたいのか、働きたいのか。まずはこれを決めよう。

高校に行きたいなら、勉強を頑張らないといけない。受験の合否は、定期テストの点数や内申点で決まるからね。その場合、すぐにｐａｒｔ２の勉強法を始めよう。

一方、高校には行かず働きたいと思っているなら「夢のレベルで進路を決める」といいよ。

例えば、小さい頃からずっと大工になりたかったとしたら、中卒で働いてもＯＫ。小さい頃からの夢なら、仕事も絶対に頑張れる。実際にボクの教え子でも、中卒で大工になって頑張っている人がいるよ。

ただ、「なんとなく家造りに関する仕事をしたい」レベルの夢なら、中卒で大工になるのは考え直したほうがいい。友達がみんな、楽しい高校生活を送っている中で、自分だけ働くのってけっこうつらいからね。あとで「やっぱり高校に行っておけばよかった」と後悔するかもしれない。

そんなときは、とりあえず高校に進学しよう。3年間、自分の人生を考える時間ができるから。3年たって「やっぱり大工になりたい」と思うなら、そのときに就職すればいいよ。

あと、専門科高校や専門学校で技術を学んでから就職するという選択肢もある。大事なのは、いろいろな選択肢を考えたうえで、自分が行きたい道に進むことだよ。

5

やる気UP法 step2

心と体を整えよう

やる気の土台をつくろう

高校に行きたいという目標が決まったら、次にすることはやる気の土台づくり。考えてみて。体がヘトヘトで、今にも倒れそうだったらどうだろう。勉強したくてもできないよね。

もしくは、友達から悪口を言われていて、学校にいるだけでもつらい状態だったらどうだろう。勉強どころじゃないよね。

だから最初に、心と体を勉強できる状態に整えないといけないんだ。

心のリフレッシュ法

じゃあ、どうしたら心の状態を整えられるのか。もし今、何か悩みがあるなら、相談しやすい人に話を聞いてもらおう。モヤモヤを1人で抱えるのはよくない。話してみると、案外それだけで気持ちが楽になるから。

学校でトラブルが起きているなら、担任の先生に相談しよう。先生が間に入ると、ほとんどの問題は解決できることが多いから。

また、**生活リズムが崩れると、自律神経が乱れてイライラしやすくなる。**できるだけ、規則正しい生活を送るようにしよう。

あと、楽しみをつくることも大切。勉強ばかりしていても、ストレスがたまるからね。勉強と遊びをバランスよく行おう。

体のリフレッシュ法

次に体の状態も整えていこう。キミが部活や遊びを頑張っているなら、体に疲れがたまっているよね。

そんなときは、マッサージをしてもらおう。5分もんでもらうだけで、体が楽になるから。

お父さんやお母さんにお願いするなら、お礼も忘れないようにね（笑）。**たまには親の肩をもんであげることも大事だよ。**

また、ポテトチップスなどのお菓子や冷凍食品ばかり食べていると、疲れもたまりやすくなる。栄養が偏っちゃうからね。

できるだけ親が作ってくれた「愛情たっぷりご飯」を食べよう。

楽しみを見つける

友達と遊んだり、部活で体を動かしたり、家族でキャンプに行ったり……楽しみがあるとストレスも発散できる。

相談する

親、友達、先生、先輩など。相談できる人がいないときは、24時間子供SOSダイヤル(0120-0-78310)に電話しよう。

上手にリフレッシュしよう

生活リズムと食事を整える

休日でも、12時までに寝て8時までに起きよう。野菜や魚など、体にいい食事をとることも大切。疲れがたまっているときは、ニンニクが効果的。

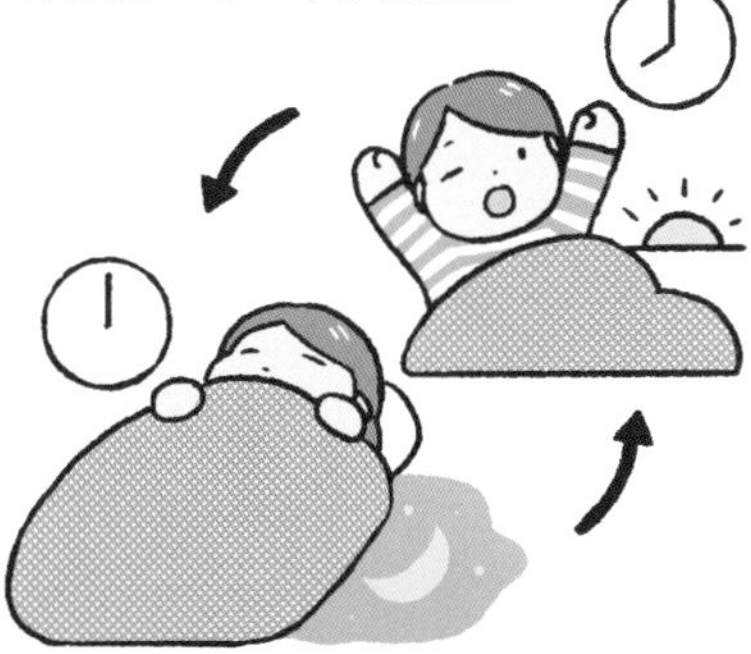

マッサージ

ひどいときは、整体や接骨院に行くのもおすすめ。骨盤がズレていると疲れがたまりやすくなるから注意。

6

やる気UP法

step3

親子で「ごほうび作戦」

① 目標とごほうびを交渉

やる気ってどうしたら出ると思う？　答えは、勉強せずにはいられなくなるごほうびを決めること。80点以上とったら100万円もらえると言われたら、誰でも勉強するよね（笑）。ボクはこの仕組みを「ごほうび作戦」と呼んでいる。

次のテストで5教科合計で400点以上とれたら洋服買って～
目標を達成できるようにサポートするね！

できそうな目標を設定

①理科のみ、50点以上
②5教科合計が300点以上
③9教科合計が500点以上
④学年順位100位以内
⑤模擬試験の偏差値が5教科平均50以上

ごほうびをくれるのは？

ごほうびを決めるときに大事なポイントは「お父さんやお母さんと一緒に決める」こと。だって、ごほうびを決めたあと実際に叶えてくれるのは親だよね。

お父さんやお母さんが「うん」と言ってくれないかぎり、ごほうびを決めることはできない。

「そんなこと言っても、うちの親はごほうびなんてくれない」と思ったかもしれない。

安心して。この本の別冊で、キミのお父さんやお母さんと約束をしたんだ。「この本に書いたとおり実行する」と。つまり、このあと紹介する流れで話をすれば、必ず理解してくれるよ。

また、目標は数字で決めよう。「テストで頑張ったらゲーム」みたいなあいまいな目

② ダメなら別案（ランク下げ）

どんなごほうびでも許可してくれる親は少ない。お父さんやお母さんの考えもあるからね。土日はいつも休みではないし、使えるお金も限られている。

そこで、お願いしたものが難しそうなら、ほかの案を出そう。

ごほうび案（人気ランキング）

第1位　スマートフォン
第2位　ゲーム
第3位　おこづかい
第4位　アミューズメントパークのチケット
第5位　洋服

標だと、達成したかどうかがわからないからね。

親の意見を聞いてみよう

まずは、親が納得できるごほうびや目標を聞いてみよう。例えば「5教科合計300点以上とったら、5000円の服を買ってほしい」とお願いしたとする。もし「難しい」と言われたら、いくらの服ならいいか聞いてみよう。

もしくは、目標の点数を上げたら「うん」と言ってくれるかもしれない。大事なことは、**きちんと話し合って決めること**だよ。

金額的に難しい場合は、何回かに分けてお願いするのもアリ。

どうしても10万円のパソコンが欲しいなら、テストのごほうびを、おこづかいにしてもらおう。3年間コツコツ貯めれば、中学卒業のタイミングで買えるかもしれないよ。

❸ ごほうびそのものがダメなとき

キミがお願いしたごほうびに対して、お父さんやお母さんが「絶対にダメ」と言うこともある。この場合、なぜそのごほうびが欲しいのか冷静に考えてみよう。もしかしたら、別のものでも目的が達成できるかもしれないよ。

なぜスマホが欲しいのか？

例えば、ごほうびにスマホを願いしたとする。でも「スマホは高校生から」と言われることもあるよね。

スマホは家庭によって、ルールが違うからさ。さすがにこのルールを変えてもらうのは難しいので、ほかの案を出そう。たいていスマホを使う理由は、

・友達とLINE
・オンラインゲーム
・Twitterなどのsns
・YouTubeなどの動画視聴

をしたいからだと思う。この目的が達成できて、お父さんやお母さんが許してくれるごほうびを話し合うんだ。

少し頭をひねると、今のごほうびじゃなくても、目的を達成できるものはたくさんあるよ。

④ 達成できる目標になっているかチェック

ごほうびと一緒に決めるのが、目標。ただ、やり方を間違えるとやる気が出なくなるので注意しよう。

よくやっちゃうのが、最初から厳しい目標を決めること。5 教科合計 200 点の子が、400 点を目標にするのは大変。実現できそうな数字になっているかチェックしよう。

達成確率80％がベスト

もちろん、最初から5教科合計100点アップという目標を立ててもいい。大事なのは、キミが「実現できそう」と思えるかどうかだよ。達成できるイメージがないのに始めてしまうと、だんだん「やっぱり無理かも」って気持ちが出てくる。すると、せっかくあったやる気もなくなっちゃう。これはもったいないよね。

できれば、最初は低くてもいいから必ず達成できる目標にしたほうがいい。仮に5教科合計10点アップを目標にしたとしても、やる気に火がつけば100点アップも可能だからね。

どうしても、目標を高くしたいときは、

400点以上：洋服5000円まで
350点以上：洋服4000円まで
300点以上：洋服3000円まで

みたいな感じで、段階的な目標を決めるのもおすすめ。

7 ごほうびなしでも勉強するには

自分だけのアクティブ進路を見つけよう

step 1 学科を決める

ここまでに、ごほうび作戦について解説してきた。

ただ、最終的にはごほうびなしでもやる気が出るようにしたいよね。そこでやってほしいのが、アクティブ進路探し。アクティブ進路とは「心の底から進みたいと思う進路」のことだよ。

多くの中学生にとって、それは高校進学になると思う。行きたい高校が決まると、ごほうびなしでも勉強できるようになるよ。

夢がないなら普通科

中学生の時点で明確な夢が決まっていないなら、普通科を選ぼう。高校３年間、夢を探す時間ができるから。そこで音楽に関わる仕事をしたいと思ったら、音楽系の大学を目指せばいい。

夢があるなら専門科

すでに絶対に叶えたい夢があるなら、専門科を選ぼう。そのほうが、夢の実現につながる勉強ができるから。

ただこのとき、夢のレベルを考えることが大切。「なんとなくやってみたい」レベルの夢なら、普通科を選んだほうがいい。専門科に進むと、夢が変わったときに進路変更が大変になるから。

学科選びに失敗すると大変

将来、何がなんでも車に関わる仕事をしたいとする。自動運転の車とか造れたら、かっこいいよね。この場合、選ぶ学科は工業科になる。

ここで間違えて、普通科を選んでしまったらどうなるのか。車の勉強をしたいのに、進学のための5教科を勉強しなくてはいけなくなる。

一方、きちんと工業科を選べば、授業の多くは車などの物づくりに関することになる。毎日学校に行くのが、楽しくなるよね。

このように、学科選びを間違えると高校生活で苦労するから注意しよう。

step 2 高校を絞る

学科が決まったら、次に高校を絞っていこう。普通科といっても、数え切れないほどたくさんの学校があるよね。その中から自分の行きたい条件に合うところを探そう。

レベル別に決めておく

A 高い　今より成績が上がれば合格できる
B 普通　今のままの成績なら合格できる
C 低い　今より成績が下がっても合格できる

step 3 実際に見に行く

行きたい条件を満たす高校が見つかったら、必ず見学しよう。部活で全国を狙える学校を選んだとしても、先輩が怖そうなところには行きたくないよね。

つまり、ネットやパンフレットには載っていない情報を知るために、自分で高校に行ってみることが大事なんだ。

キミが行きたい学校は？

高校を絞るとき、まずは行きたい高校の条件を書き出そう。例えば、

・家から1時間以内で通える
・制服が茶色のブレザーでかわいい
・サッカー部が強く、全国を狙える
・学校の校則が緩くて、バイトOK

のような感じかな。そして、その条件に当てはまる学校を探していこう。「みんなの高校情報」というサイトを使うと便利だよ。

体験入学を利用しよう

高校を見学するときは、体験入学や学校説明会を利用しよう。内部までしっかりチェックできるし、先生や先輩の話を聞くこともできるよ。もし**体験入学の時期に間に合わなかったら、学校の外から見るだけでもいい**。雰囲気を感じることが大切。

8 なまけ心に勝つ！

ゲームが好きなキミへ

ここまでに紹介した方法を行えば、勉強を頑張ろうという気持ちが出てくるはず。おつかれさま。成績が上がるのは秒読みだよ。やる気があれば、勉強時間が増えるからね。

ただ、人間には「なまけ心」というものがある。いざ勉強しようと思っても、つい

・ゲームをやりたい
・眠いし疲れた

という気持ちが出てくるんだ。すると勉強時間が増えず、成績も上がらない。

では、どうしたら、この気持ちに打ち勝てると思う？ 実は、秘策がある。それは「自分ごほうび」を決めることだよ。

自分ごほうびとは、日常生活のちょっとした楽しみのこと。これを目標に、勉強を頑張るんだ。例えば、

・LINE
・ゲーム
・部活の練習
・YouTube
・ベッドの上でゴロゴロ

とか。つまり、遊びたい気持ちをがまんするのではなく、勉強のごほうびにしちゃおうってこと。

すると、その時間を楽しみにつらい勉強を乗り越えられるよ。

図書館の自習室などで、友達と一緒に勉強することもあると思う。その場合、友達との会話を自分ごほうびにするのもおすすめ。休憩する時

自分ごほうびをつくろう

最初の頃

勉強 15分
↓
自分ごほうび 15分
↓
勉強 15分
↓
自分ごほうび 15分

最終的には

勉強 45分
↓
自分ごほうび 10分
↓
勉強 45分
↓
自分ごほうび 10分

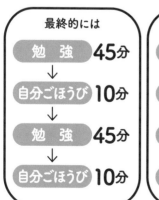

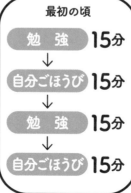

間を決めておいて、飲み物を飲みながら話をする。

中学生にとって、これほど楽しい時間はないよね。きっと、集中力も上がるはずだ。

キミにとっての「自分ごほうび」は何かな？　まずはこれを考えよう。上手に勉強と組み合わせることで、長時間勉強できるようになるから。

友達と勉強する場合

勉　強	45分
↓	
友達と会話	15分
↓	
勉　強	45分
↓	
友達と会話	15分

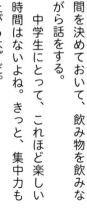

学科が決まらないときは

高校3年間、勉強できるかどうか

3年生の時点で夢がないのなら、普通科高校を選んだほうがいい。高校3年間、やりたいことを見つける時間ができるからね。

ただその場合、高校卒業後に進学しないといけない。普通科高校からそのまま就職するのは難しいから。つまり、高校3年間勉強を頑張る必要があるんだ。でも、3年間勉強を頑張れない人もいるよね。もしキミがそのタイプなら、あえて専門科高校を選ぶのもアリだよ。

以前ボクがサポートした子にも、このタイプがいた。彼の場合、文系よりも理系が得意だった。そこで、とりあえず工業高校に進学したよ。

卒業後は、そのまま車の部品を造るメーカーに就職して、今も頑張っている。キミも同じタイプなら、こういった進路選択も1つの方法だよ。

どういった仕事がしたいか

将来、車に関する仕事をしたいとしよう。そこまで決まっていても、進路に悩むことがある。

①工業系高校に進学して、そのまま車のメーカーに就職する形。

②普通科高校から、工業系の大学（大学院）に進学。そのあとで就職する形。

2つのパターンがあるからね。

この場合、就職先でどういった仕事をしたいか考えよう。例えば高卒でメーカーに就職した場合、車の部品や本体を造る仕事が多い。パーツを溶接したり、組み立てをしたりする感じかな。

一方、大学や大学院からメーカーに就職する場合、新車の設計や開発、海外展開などの仕事になることが多い。こういったところまで考えて進路を決めると、将来楽しく仕事ができるよ。

part 2

おうち学習で定期テストに勝つ！

1 おうち学習の4つの役割は「宿題」「予習」「復習」「対策」

いちばん大事なのは「宿題」

やる気は出たかな？　では勉強を始めていこうか。とはいえ、「何から始めていけばいいかわからない」と思ってないかな？　その場合、キミのやる気に合わせて考えよう。

まず、そこまでやる気がないという場合は「宿題」だけは終わらせよう。宿題は、先生との約束だからさ。間に合わないときは、答えを写してでも提出することが大切だよ。

次に「予習」をしよう

宿題が終わったあと、もう少し勉強できそうなら「予習」をしよう。そもそも学校の授業って、理解できているかな？　わからないと、授業がつらいと思う。

予習をすると、授業の理解度が上がる。すると、授業中に勉強が進むようになるよ。時間も、1日15分からでOK。もちろん、すでに理解できている場合も効果的だよ。

次に大事なのが「復習」

予習をしたあと、もう少し頑張れそうなら「復習」をしよう。テスト前になると、習った内容をほとんど忘れちゃってないかな？　復習をすると、記憶の定着率が上がる。すると、テスト勉強が楽になるよ。

時間も、1日30分あれば十分。毎日の積み重ねが、定期テストの点数アップにつながるよ。

最後は「テスト対策」

もう少し頑張れそうなら、日頃から少しずつテスト対策を始めよう。さらに、テストの点が上がるよ。目標の点数がとれるようになるから、ごほうびもゲットできるはず。

ただし、無理するのは禁物。普段の部活が忙しければ、テスト前にまとめてやってもいい。そこは、キミの状況ややる気に合わせようね。

毎日の勉強の優先順序は

疲れていても最低限やる
やる気レベル ★

1 宿題

まずは宿題を終わらせよう！
ポイントは、ゲームをする前に終わらせること。「宿題が終わったらゲームができる」と思えば、頑張れるから。part1 の自分ごほうびと同じ仕組み。

ここまでは頑張ろう
やる気レベル ★★

2 予習

数学と英語に絞って明日習う範囲をチェック。この2教科は、予習をしておくと授業の理解度が大幅に上がる。時間がなければどちらか1教科でも OK。

さらにできると good！
やる気レベル ★★★

3 復習

もう少しできそうなら、復習をしよう。忘れないうちに復習することで、テスト前が楽になるよ。教科は数学と英語に絞る。一部の私立高校は、数学と英語と国語の3教科が試験科目になるため、この2教科は特に重要。

点数アップ確実！
やる気レベル ★★★★

4 テスト対策

時間があれば、テスト対策も進めていこう。単語カードを使って英単語や漢字を覚えたり、社会のワークを繰り返し解いて、語句を覚えたりしていこう。

2 元教師だからわかる高校受験の仕組み

親子で一緒に考えよう

キミが中学卒業後は高校に行こうと思っているなら、こう思わない？「できれば楽に合格したい」と。ボクは中学生の頃、いつも思っていたよ（笑）。キミも同じ思いなら、ボクが力になる。そこで、最初に「受験の仕組み」を理解しよう。敵を知ってこそ、効率的に対策ができるからさ。

ただ、受験の仕組みって本当に複雑。そこで、特にこのpartは、お父さんやお母さんと一緒に読んでほしい。キミだけで理解するのは、大変だからね。

高校は3つに分かれる

高校は、公立、私立、国立の3つに分かれる。公立は、都道府県や市区町村が運営しているため、学費の安いのが特徴。

私立は、公立と比べると学費は高い。ただその分、施設のキレイなところが多いよ。

国立は、国立大学の附属高校。受験して入学する子よりも、小学校や中学校から上がっていくことが多い。そこで今回は、公立と私立の2つに分けて解説するね。

通い方も3種類に分かれる

高校への通い方もいろいろある。いちばん多いのが、全日制高校。中学校と同じで、授業は8時から15時頃まで行われる。その後、希望者は部活に参加し、家に帰るのは18時から20時くらい。赤点をとったり、出席日数が足りなかったりしなければ、3年で卒業できるよ。

最近増えているのが、通信制高校。家でパソコンなどで授業を受け、レポートを提出するスタイル。必要な単位を取得すれば、卒業できるよ。学校によっては、登校することも可能。

また、定時制高校もある。通信制高校と同じで、必要な単位を取得すると卒業できる。授業時間は、所属する部（午後部、夜間部など）によって異なるよ。

高校は大きく分けて２種類

公立高校

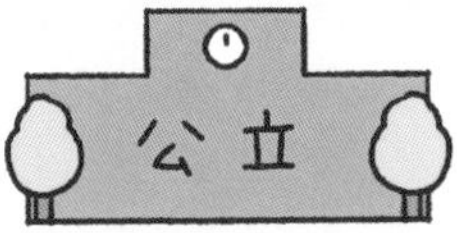

都道府県や市区町村が運営。 そのため、学校ごとの校風が似ている。

学費が安い。 部活の遠征費や修学旅行の費用なども、低額になることが多い。

先生の異動が多く、毎年新しい先生が来る。

設備が古いこともある。 予算の関係で、どうしても私立より劣ることが多い。

私立高校

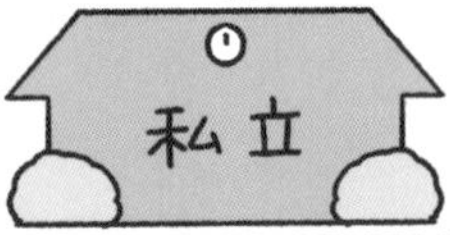

学校法人（民間企業）が運営。 そのため、学校ごとに校風が異なる。

学費や諸経費が高い。 奨学金や助成金を使うと低額になることも。 部活の遠征費なども、公立より高額になることがある。

先生の異動は少ないから、信頼できる先生に最後まで見てもらえる。

設備が新しく豪華なところが多い。部活の練習器具がいいと、能力アップしやすい。

学科はいろいろある！

普通科

大学や専門学校に進学するのが目的。５教科を中心に勉強する。ただ、中学校と違って、理科なら物理、化学、生物、地学などに分かれる。２年生から、理系と文系にクラスが分かれることが多い。

工業科

工業系大学進学や工業系の職業に就くのが目的。数学、物理、生産システム、電子回路などを勉強する。

商業科

商業系大学進学や商業系の職業に就くのが目的。国語、地理、簿記、マーケティング、商品開発などを勉強する。

国際科

国際系大学や海外の大学への進学が目的。５教科に加え、第二外国語として中国語やフランス語などを勉強する。

※このほかにも保育科、音楽科、美術科、農業科などもある。

受験方法は2つに分かれる

公立高校の場合、一般入試と推薦入試のどちらかで受験できる。一般入試の場合、受験当日に3～5教科のテストと面接など＋調査書（主に内申点）で合否が決まる。

推薦入試の場合、受験当日に行う面接、小論文、実技テストなど＋調査書で合否が決まる。

私立高校も、一般入試と推薦入試で受験ができる。どちらも受験当日に行う3～5教科のテストや面接など＋調査書で合否が決まるよ。

単願か併願か

公立、私立に限らず1つの学校しか受験しないことを単願（専願）という。一方、2つ以上の学校を受けることを併願という。

私立高校を推薦で受ける場合、ほとんどは単願で受けないといけない。そのかわり、内申点で事前に合格をもらえたりする確約という制度があったりするよ。

公立高校の場合は、そういう仕組みがないことが多いから、通常は私立高校と併願で受けることが多い。ただ、このあたりは都道府県や学校によって仕組みが違うから、担任の先生に相談するのが大切。

内申点と当日点で決まる

受験の合否は、主に内申点と当日点の2つで決まる。

内申点は、通知表に載っている数字の合計だよ。例えば、数学2、英語4とか書いてあるよね？　あの数字を足したのが内申点。通常、最高が45で最低が9になる。

自治体によって計算方法が違い、例えば最大が90になることもあるので、詳しくは先生に聞いてね。

当日点は、当日受けるテストの合計点のこと。学校によって、5教科だったり3教科だったりいろいろある。面接や小論文が含まれることもあるよ。

内申点と当日点はどっちが大事？

じゃあ、内申点と当日点はどちらが大事だと思う？

結論を言うと、どっちも大事。ほとんどの学校は、この2つの合計点で合否を決めているからね。

少しだけ裏話をすると、学校によって、内申点を重視したり、当日点を重視したりするところがある。ただ、結局は2つの合計で合否を決めているんだから、どちらも大事なんだ。

受験の合否の決め方は、受ける学校によって違う

例えば

公立高校

A

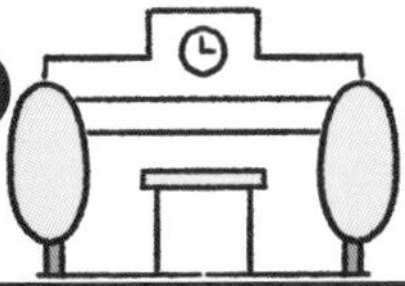

内申点50%＋当日点50%

公立高校

B

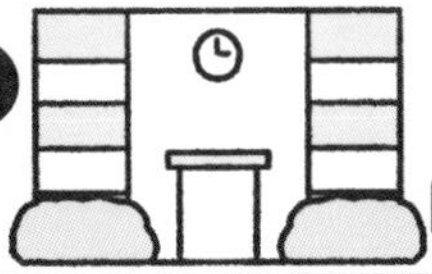

内申点30%＋当日点70%

私立高校

C

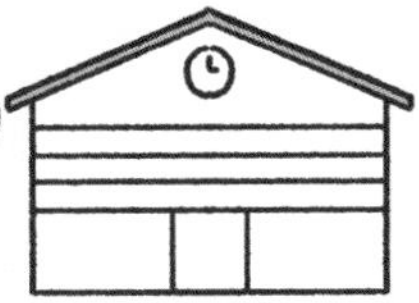

内申点95%＋当日点5%

試験科目もさまざま

例えば

公立高校

A（推薦）　面接のみ

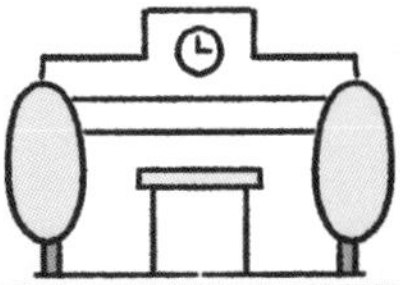

公立高校

B（一般）　5教科のテスト＋集団面接

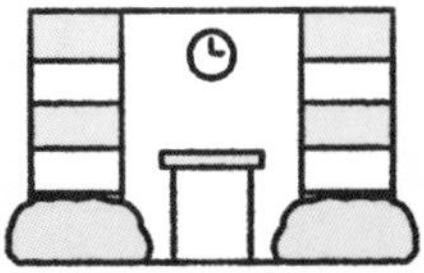

私立高校

C（一般）　3教科のテスト（国語、数学、英語）

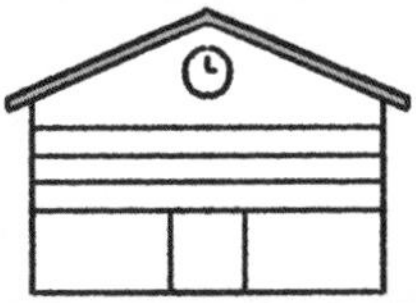

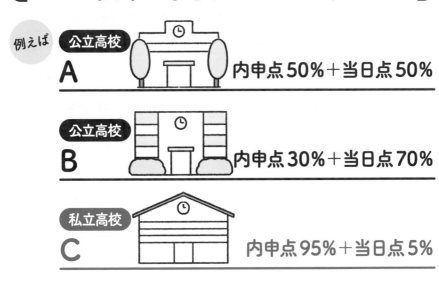

3 内申点を上げるには「高配点チェック」当日点を上げるには「ラスボス分析」

内申点を上げるのは楽勝

ここまで読んで、こう思わない？

「元教師なら、内申点を上げる裏ワザ教えてくれないかな」

もちろんあるよ（笑）。書ける範囲で教えるね。

内申点を上げるうえで大事なことは、高配点チェック。つまり、配点が高いところを調べ、そこを重点的に対策することだ。

5教科（国語、社会、数学、理科、英語）の場合、いちばん影響するのは定期テストの点数。提出物や授業態度も大事だけど、テストの点にはかなわない。そのため、キレイなノートをつくる時間があったら、10点でもテストの点を上げる努力をしたほうが、内申点は上がるよ。

副教科（保健体育、技術・家庭、美術、音楽）の場合「定期テスト」と「実技テスト」の配点が高い。音楽なら大きな声で歌を歌う。体育なら、試合中に声を出す。美術なら、ていねいに作品を仕上げるみたいなことも大切になる。

当日点も簡単に上がる

当日点を上げるコツも教えるね。

いちばん大事なのは「過去問をチェックする」こと。学校によって、問題の雰囲気や出題されやすい範囲が違っているから。

そこで、事前に過去問を分析して、出題されやすいところを集中的に勉強しよう。ボクはこの作業を「ラスボス分析」と呼んでいる。受験における最後の敵（ラスボス）は、筆記テストだからね。筆記テストの過去問を分析するだけで、偏差値が上がるスピードが確実にアップするよ。

あと、定期的に模擬試験（模試）を受けて、今の実力をチェックするのもおすすめ。模試とは、塾などが行っている現在の偏差値を調べるテストのことだよ。

Googleで「住んでいる地名＋模擬試験」と調べるといろいろ出てくる。3年生になったら、受けてみよう。

内申点は、次の5つで決まる！

5教科では最重要！

1 定期テスト

中間テスト
期末テスト
など

2 実技テスト

音楽なら歌のテスト、体育なら50m走のタイムなど

3 小テスト

先生が授業中にするテスト

4 提出物

授業ノート、ワーク、プリント、作品など

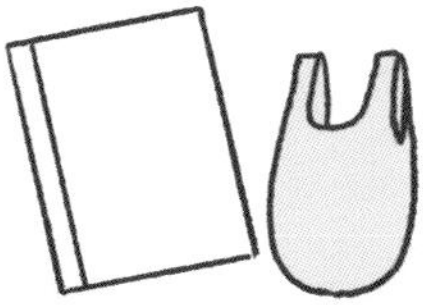

5 授業態度

挙手の回数、きちんと聞いているかなど

当日点を上げるコツ

過去問をチェックして、特徴を調べよう。

例えば…

公立高校A
英語は長文読解問題がよく出る

私立高校B
公立高校と似たような問題が出る

私立高校C
リスニング問題がやたら多い

➡ 私立高校Cに合格したいなら、リスニング問題の勉強時間を増やす。

4「授業ノート」「提出物」は8割を目指し は期日に出す

余裕があれば授業ノートや提出物にも力を入れよう。ただ、内申点を上げるうえでいちばん大事なのは、定期テストや実技テスト。ノートや提出物の配点は10％以内であることが多いので、「最低限の努力で8割の点数をとる」ようにしよう。

提出物のポイント

提出物を出すときは、次の3つを意識しよう。

① 期限は必ず守る

いちばん大事なのが、期限を守ること。先生によっては、遅れたら0点にすることもある。必ず期日内に提出しよう。

② やり忘れがないかチェック

ボクが教師だった頃、提出物でいちばん多かったミスが、やり忘れ。20ページやらないといけないのに、15ページしかできていない人が本当に多かった。しかも、サボったわけではなく、勘違いでやり忘れていたんだ。これは本当にもったいない。ワークなどの範囲は、必ずチェックしよう。

③ ていねいな字で書く

字がうまいかへたかは、あまり関係ない。大事なのは、ていねいに書こうとしているか。字がへたでも、ていねいに書けば点数は上がるよ。

ノート点を上げる3つのコツ

① 字はていねいに書く

字が汚すぎて読めないと、ノート点は減点される。先生が読める字で、ていねいに書こう。

② 色を使って見やすく

重要語句は、色ペンやマーカーでチェックしよう。少しでも色が使われていると「工夫している」という評価に。

③ イラストや図でわかりやすく

文字だけのノートは見づらい。できれば、イラストや図、グラフなどを入れよう。

ノートは3種類に分けて考えよう

1 授業ノート（提出用）

「ノート点をできるだけ上げる」のが目的。右ページで説明しているのは、このノート。ていねいに書くと高得点が狙えるよ。授業中に先生が言った重要語句をメモしておこう。

（例）
先生：水の化学式 H_2O は
　　　受験でもよく出る
➡ノートに水の絵を書いて
➡「受験によく出る」と記入
➡色をかえたり、マーカーでチェックしておく

2 まとめノート（復習用）

大事な部分をまとめたノート。ワークを繰り返しても、なかなか覚えられない語句や単語をまとめておこう。自分の弱点がまとまっているので、定期テストや受験前に見直すと効果的に復習できるよ。●詳しくはp.109をチェック。

3 練習ノート（使い捨て）

書きながら覚えるときに使うノート。言ってみれば、いらない裏紙と同じ役割。そのため、キレイに書く必要はないよ。また、同じことを何度も書くのも非効率。英語や漢字は1回だけ書く→テストする→間違えたところのみもう1回書くのが基本。

提出物を出し忘れない必殺ワザ

提出物を出し忘れることが多いなら、前日の夜に玄関に置いておこう。朝準備すると、バタバタして忘れることが増えるから注意。

ワークのやり忘れがないかは、お父さんやお母さんにチェックしてもらうといいよ。

5「オール5筆箱」を準備しよう

新しい筆箱で気合を入れる

小学生の頃は、鉛筆削りがついているキャラクターペンケースを使っている人が多い。これが悪いというわけではないけど、中学生になったら筆箱を新しくするのがおすすめ。気分が変わって、勉強のやる気もアップするよ。筆箱は、使いやすいものを選べばOK。

成績がいい子の筆箱はシンプル

筆箱の中にはどんなものを入れればいいのか。成績がいい人の筆箱って、意外とシンプルだよ。

①シャープペンシル

2、3本、シャープペンシルを入れよう。1本だと壊れることもあるから、2本以上がベスト。あと、シャープペンシルはいちばん使うもの。そこで文房具屋さんで試して、使いやすいものを購入しよう。多少高額でも問題ない。手が疲れにくいものを選べば、安いものだ。

②消しゴム

消しゴムがボロボロだと、消すときにノートが汚れる。すると、ノート点も下がるから注意しよう。定期的に新品にかえるのがおすすめだよ。

③色ペン3色

赤、青、オレンジの3色のペンは、必ず用意しよう。赤は丸つけ用、青は大事なポイントをメモする用、オレンジは暗記用だ。オレンジペンは、必ず水性のもの（ZEBRAのサラサクリップなど）にしよう。

④マーカー2色

色ペンではなく、マーカーで色を塗りたい人もいる。そこで、2色くらいは、マーカーも入れておくと便利だよ。

⑤ふせん

わからない問題に貼ると、質問するときに便利だよ。

ボクは、この5つが入った筆箱を「オール5筆箱」と呼んでいる。参考にしてみてね。

この5つを必ず入れよう

筆箱は、勉強するときに必ず目にするもの。そのため、筆箱を見て「よし今日も頑張ろう」とテンションが上がるものを選ぼう。

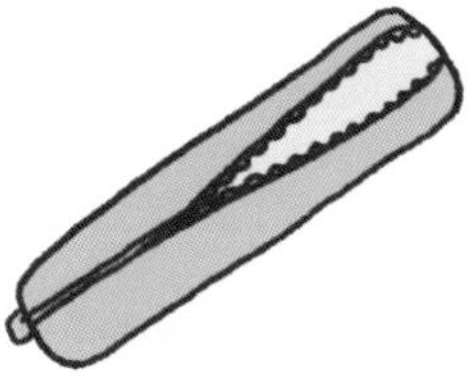

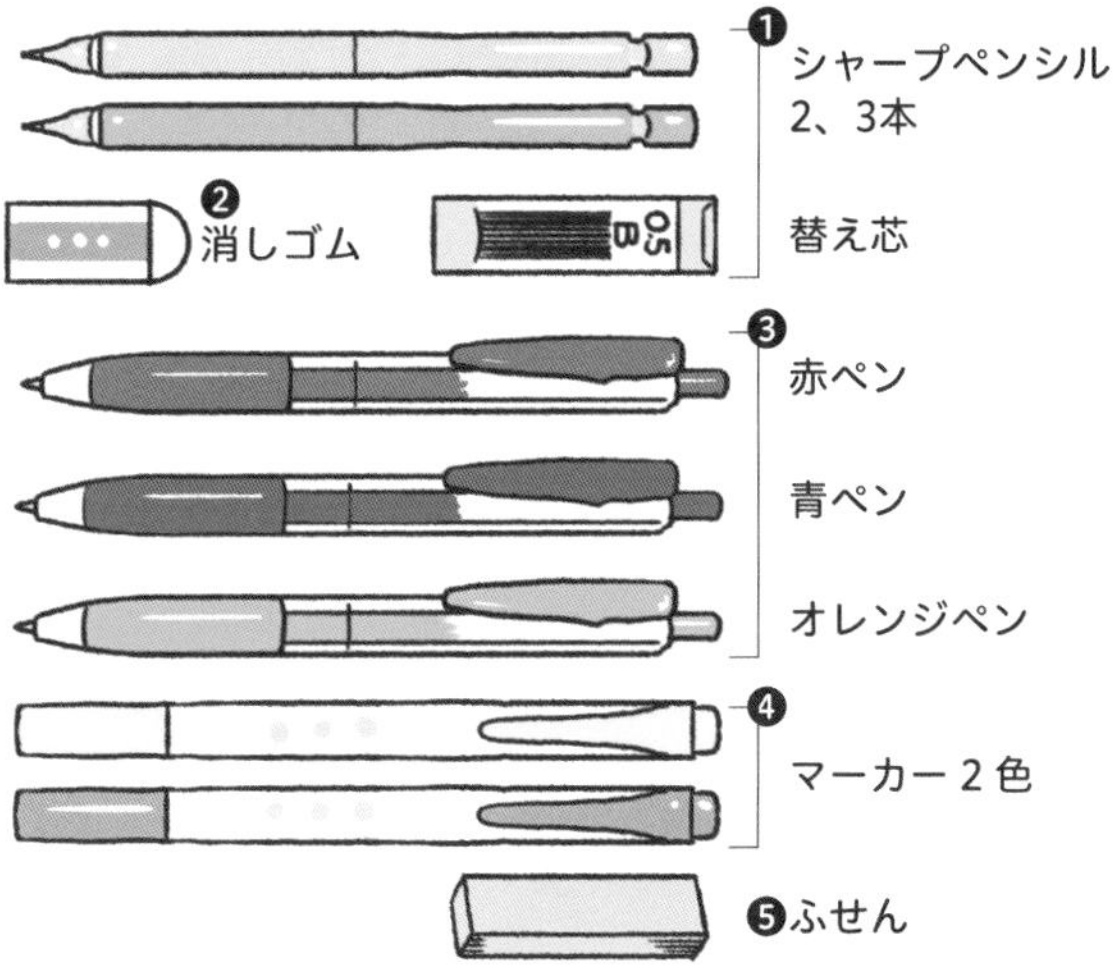

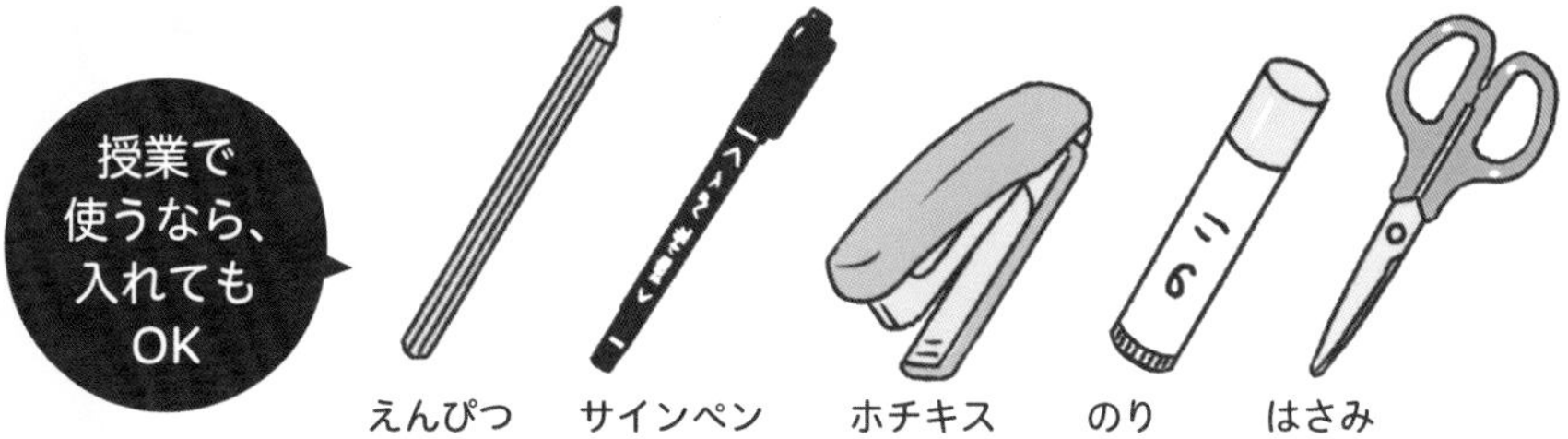

成績を下げるNGグッズ5選

成績があまりよくない人は、筆箱の中に勉強とは関係ないものが入っていることが多い。これらは集中力の低下にもつながるから、入れないようにしよう。

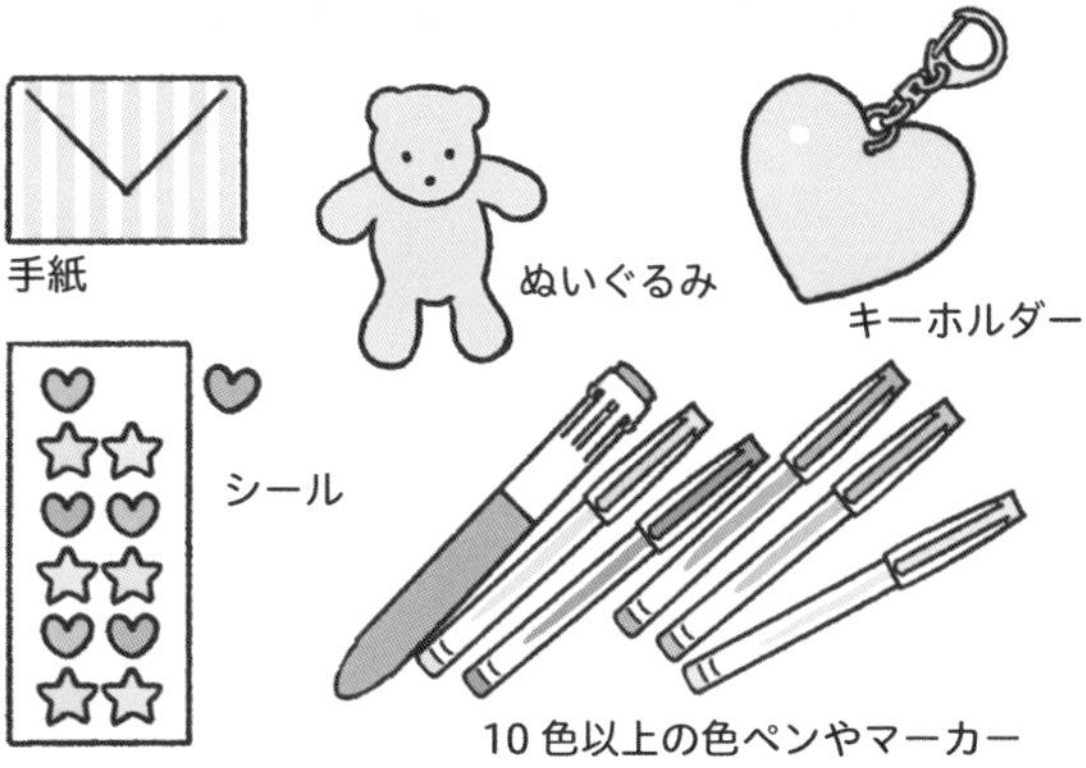

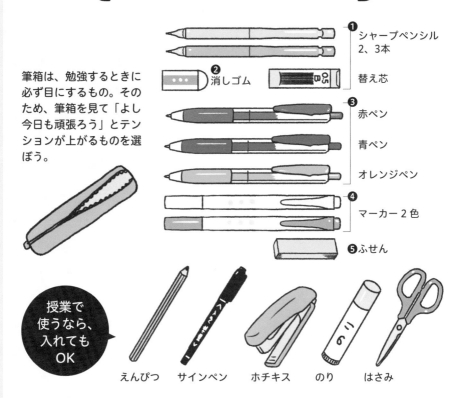

6 中学3年間がひと目でわかる！時期別勉強計画モデル（年間編）

1、2年生は部活と遊び中心

受験の仕組みを理解したら、次に考えるのが3年間の過ごし方だ。中学生活は、長いようであっという間に終わってしまうからね。

そこで意識してほしいのが、1、2年生は思いっきり遊ぶこと。たまに、受験まで3年間しかないから、1年生で部活をしないで勉強する人がいる。でも、おすすめしない。3年間勉強し続けるのは大変だし、楽しくないからね。

大事なのは、遊びと勉強のメリハリをつけること。

1、2年生は、

- **部活**
- **恋愛**
- **学校行事**

などをトコトンやって楽しもう。

もちろん、宿題、予習、最低限のテスト対策だけはきちんとしようね。そのほうが、3年生になったときスムーズに気持ちを切りかえられるよ。

3年生は勉強中心

では、いつから本格的に勉強を頑張ればいいのか。

3年生の夏休み以降が、1つの目安になる。この時期からは、あいている時間はすべて勉強するくらいの気持ちが必要だよ。

もちろん、定期テストが終わった日とか、たまに遊ぶのはOK。ただそれ以外は、入浴中やトイレにいるときも勉強するくらいの気持ちをもとう。

このように、1、2年生は遊びと勉強を両立する「バランス計画」、3年生は勉強に集中する「ストイック計画」で進めると、中学校生活が充実するよ。

次のページに、3年間のおすすめスケジュールをまとめたから、参考にしてみてね。

1、2年生は、バランス計画

長期休み

学校の課題
やりたいことをする

例

部活や
クラブの自主練
恋愛
遊び
学校行事
家族旅行　　など

テスト前

テスト勉強
をする

毎日

宿題とできれば
予習・復習

3年生の夏休み以降は、ストイック計画

長期休み

学校の課題
＋受験勉強

テスト前

テスト勉強
に集中

毎日

宿題
＋受験勉強

※定期テストが終わった日くらいは、ごほうびもかねて遊びに行ってOK。

中1
中2

夏休み	1学期

夏

夏休みの宿題だけはやり、それ以外は部活を頑張る。友達と花火やお祭りなどに行って思い出をつくる。家族でキャンプ、海外にホームステイなどもおすすめ。

※テスト前はテスト勉強。それ以外の時期も宿題（できれば予習・復習も）はやる。

春

クラスになじむために、友達と遊ぶことに力を入れる。部活でも活躍するために、自主練習などを頑張る。

中3

夏休み	1学期

志望校を決めるためのリサーチ

※テスト前は、受験勉強を休んで定期テスト対策に集中する。

夏

夏の大会までは部活を頑張る。大会が終わったら、本格的に受験勉強スタート。

春

クラスになじむために、友達と遊ぶことに力を入れる。時間があれば、少しずつ受験勉強を始める。

春休み	3学期	冬休み	2学期

秋

体育大会や文化祭などの学校行事を楽しむ。興味があれば生徒会などにも立候補してみる。

冬

部活を頑張りつつ、友達との遊びも楽しむ。好きな人がいるなら、クリスマスなどのイベントを利用して告白するのもおすすめ（笑）。

春休み	3学期	冬休み	2学期

公立入試（一般）　私立入試（一般）　私立入試（推薦）

公立入試（推薦）

← 体験入学や学校説明会

← 志望校決定

冬

すべての時間を受験勉強にあてる。恋愛をしている余裕はない。1月以降はインフルエンザの危険があるため、遊びに行くのもやめる。

秋

学校行事も頑張りつつ、メインは受験勉強。定期テストが終わった日くらいは、遊びに行っても。

7 予習 塾と併用も可能。毎日15分の「時短予習」から始めよう

授業の理解度が大幅アップ

授業がわからないなら、予習から始めていこう。

そうすれば、今までボーッとしていた授業中に勉強できるようになる。つまり、

予習なし：授業の時間がもったいない
予習あり：授業の時間を有効活用できる

ってこと。予習がいかにお得な勉強か、わかってくれたかな？

とはいえ、中学生は忙しい。毎日、宿題、LINE、ゲーム、部活、塾や習い事……、やることがたくさんあるはず。

正直、予習する時間なんてないよね。

そこで、1日15分でできる方法を紹介するね。

数学と英語に絞ろう

まず、教科を数学と英語に絞ろう。

この2つは積み上げ式だから、一度わからなくなるとその先ずっとわからなくなる。そのため、いちばん力を入れないといけないんだ。やり方は簡単。

数学は、教科書を開いて、明日習うページの例題を1回解こう。このとき、わからないところがあれば線を引いておくといいよ。そこを中心に授業を聞けば、理解できるはず。

それでもわからなければ、授業中に質問しよう。

英語は、教科書を開いて明日習うページを1回だけ音読しよう。このとき、読めない、意味がわからない単語は調べておくといいよ。

予習はこれだけ。そんなに難しくないよね？

もちろん、毎日必ず数学と英語をやらなくてもいい。時間がなければ月、水、金は英語。火、木は数学という感じで進めていこう。

一方、もし余裕があれば国語、社会、理科の予習をしてもOK。キミのやる気と使える時間を考えて、無理のないペースで進めよう。

数・英の予習方法

時間がなければ数学と英語だけでOK!

英語

教科書の明日習うページを１回だけ音読しよう。

数学

教科書の明日習うページの例題を解こう。

国・社・理の予習方法

時間があれば教科書を音読しよう

社会・理科

音読をして疑問点をチェック

まずは、教科書の音読をして明日どういったことを習うのかを頭に入れておこう。そのとき、疑問点や読んでいてよくわからないところをチェックしておこう。教科書に線を引いたり、メモしておくだけでも授業の理解度がアップするよ。

国語

読めない漢字の読み方をチェック

明日習う範囲の、教科書の音読をしよう。このとき、読めない漢字の読み方を調べ、教科書に書き込んでおくといいよ。

8 復習 習ったその日が効果的！毎日30分の「時短復習」はこうやる

脳に「重要」と伝えよう

テスト前になると、習ったところを忘れてしまっているなら、復習をしよう。

人は、初めて習った内容の7割くらいは、次の日に忘れてしまう生き物。テストが1カ月後なら、ほとんど覚えていなくて当然なんだ。

そこで大事なのが「復習」。習った問題をその日のうちに解き直すと、キミの脳がこう考えるんだ。

「この内容は、今日2回も聞いたことだから重要」

その結果、深い知識になるんだよ。

まずは、大事な2教科に絞ろう

とはいえ、毎日忙しいのが中学生。勉強にあまり時間は使えないよね。

そこで、復習にかける時間は1日30分でOK。これなら、予習と一緒にやっても1時間以内に終わるはず。

では、どのように勉強をすればいいのか。

予習と同じで、英語と数学の2つに絞って勉強しよう。やり方も簡単。

数学は、学校のワークを開いて、今日習ったところの基本問題を解こう。応用までやろうとすると時間がかかるから、基本に絞るのがポイント。

もし解説を読んでもわからないところがあったら、次の日に先生に質問しよう。

英語は、今日習った単語と熟語を覚えよう。読み方と意味を覚えたら、スペルを書けるようにしておくとさらにいいよ。

時間があれば、学校のワークも進めておけば完ぺき。これくらいなら、できそうだよね。

もちろん予習と同じで、時間があれば国語、社会、理科を進めてもOK。少しワークを解いておくと、テスト前が楽だよ。

数・英の復習方法

復習も数学と英語だけでOK

英語

今日習った単語と熟語を覚える。
＋
スペルも書けるようにすると完ぺき。

数学

学校のワークの基本問題を解こう。

国・社・理の復習方法

時間があってやりたいときは

社会・理科

学校のワークの基本問題を解く

社会と理科は、今日習ったところのワークを解いておこう。数学と同じで、応用問題まで解く必要はない。基本問題だけでも解いておくと、テスト前がかなり楽だよ。理科の計算問題など、よくわからないところがあるなら次の日に先生に質問しよう。

国語

漢字を暗記しよう

国語の場合、新しい漢字を習ったら忘れないうちに覚えちゃおう。このタイミングで頭に入れておくと、テスト前が楽だよ。もう少し時間がとれるなら、学校のワークも進めておこう。教科書の今習っているところの問題や文法の問題を解いて、わからない部分は翌日の授業で質問しよう。

9 対策

定期テストの2週間前になったら、本格的に勉強をスタート

事前準備で勝負が決まる

内申点を上げるために最も大事なのが定期テスト。では、どのように対策をしていけばいいのか。そもそもテスト対策は、事前準備をしたかどうかで決まる。

- 予習
- 復習

を毎日コツコツしておけば、そこまで勉強しなくてもすぐに高得点がとれる。一方、この2つをさぼっていたら、しっかり勉強しないといい点数はとれない。つまり、勉強を始める前に、ある程度勝負が決まっているんだ。

教科書とワークを中心に

次に、基本的な勉強の考え方もまとめておくね。

いちばん大事なのは、

- 学校の教科書
- 学校で使っているワーク

の2つをメインに勉強すること。あまり大きな声では言えないけど、学校の先生ってこの2つを中心にテストをつくっているんだ。

塾のワークは応用で使おう

塾に通っていると、そこで配布されたワークを中心に勉強することが多い。ただこれだと、どうしても効率が悪くなっちゃう。

定期テストがつくられる学校のワークで勉強したほうが、効率がいいからね。

そこで、今塾に通っているなら、配布されたワークは応用力をつけるために使おう。学校の教科書やワークを完ぺきにマスターしたあとで解くほうが、成績アップするはず。

また、塾の宿題が多すぎる場合、減らしてもらえないか聞いてみよう。

先生は「教科書」と「学校のワーク」からテストをつくっている

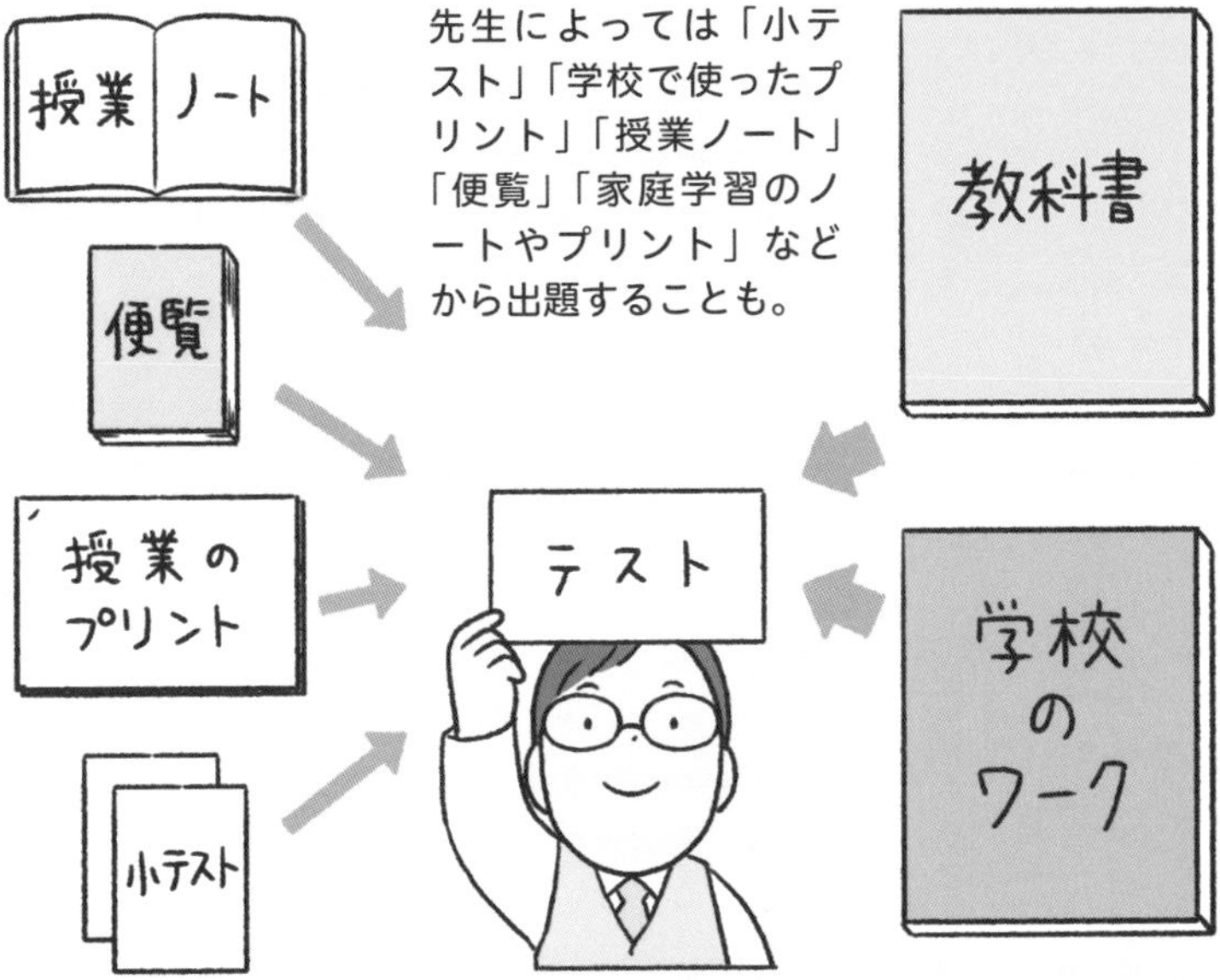

先生によっては「小テスト」「学校で使ったプリント」「授業ノート」「便覧」「家庭学習のノートやプリント」などから出題することも。

テストで狙う点数目安表と勉強時間表

普段の勉強量 ＼ 狙う点数	宿題＋平日1時間、土日2時間	ほぼ宿題だけ	何もやっていない
90点以上	テスト2週間前から 平日3時間 土日6時間	テスト3週間前から 平日3時間 土日9時間	かなり難しいが テスト3週間前から 平日4時間 土日12時間
60点以上	テスト1週間前から 平日2時間 土日4時間	テスト2週間前から 平日2時間 土日6時間	テスト2週間前から 平日3時間以上 土日8時間以上
30点以上	テスト前に追加で勉強しなくても、今の勉強量でとれます	テスト1週間前から 平日1時間 土日3時間	テスト1週間前から 平日2時間 土日4時間

10 対策

キミが目指す点数は？ 成績が上がる「レベル別学習法」

3段階に分けて考えよう

　ここからは、もう少し詳しく各教科の勉強方法をまとめていくね。ただ、その前に、今のキミのレベルと目標をチェックしよう。

　というのも、80点の人が90点を目指すのと、20点の人が30点を目指すのでは、やり方が違うからさ。そこで、**キミの状況に合った方法で進めることが大事**なんだ。この本では、

・目標レベル1：30点以上を目指す
・目標レベル2：60点以上を目指す
・目標レベル3：90点以上を目指す

　という3つに分けて解説するね。

教科別で考えよう

　このとき、教科ごとに考えるのがポイント。キミの点数が国語40点、英語40点、数学40点、理科40点、社会80点だとする。この場合、社会の目標はレベル3で、それ以外はレベル2が目標になる。誰でも得意不得意があるから、目標も教科ごとにかえよう。

　このように、**ボクは自分の目標に合わせた勉強をすることを「レベル別学習法」と呼んでいる。**このやり方に変えるだけで、勉強時間を増やさなくても成績が上がるよ。

レベルに合っていないやり方をすると…

　ちなみに、自分のレベルに合っていないやり方をするとどうなるか。例えば、数学が40点（目標レベル2）なのに、目標レベル3の勉強をしたとしよう。

　40点ということは、学校のワークが完ぺきにマスターできていない状態。この状況で90点とるための勉強（ハイレベル問題集を解くなど）をしても、チンプンカンプンだよね。1時間勉強して1問しかできない、という状況になりかねない。これでは効率が悪い。

　必ず、キミの目標レベルに合った勉強をしよう。

目指すレベルの3段階

目標 レベル3
90点以上を目指す場合

レベル2もクリアしたら、最後は90点以上を目指そう。ここまでくれば、通知表の評定は4、教科によっては5がとれるよ。

通知表の評定 4（教科によっては5）

〈9教科すべてこの点がとれれば〉

内申点 40レベルになる（最大45の場合）

目指せる高校 偏差値55以上

だいたいどの高校でも

目標 レベル2
60点以上を目指す場合

レベル1をクリアしたら、次は60点以上を目指そう。ここまでくると、通知表の評定は3、教科によっては4がとれるよ。

通知表の評定 3（教科によっては4）

〈9教科すべて60点以上とれれば〉

内申点 30くらい（最大45の場合）

目指せる高校 偏差値50前後

公立でも私立でも学科に関係なく

目標 レベル1
30点以上を目指す場合

現在、点数が30点未満の場合、まずは30点超えを目指そう。提出物をしっかり出している状態でこの点数がとれると、通知表の評定は2、教科によっては3になるよ。

通知表の評定 2（教科によっては3）

〈9教科すべて30点以上とれれば〉

内申点 20くらい（最大45の場合）

目指せる高校 偏差値40～45くらい

公立高校なら専門科、私立高校なら学科に関係なく

11 対策 テスト対策の基本は「五感学習法」

教科書は音読しよう

学校の教科書を勉強する場合、まずは音読から始めよう。声に出して読むことで、内容が頭に入るからね。たまに、黙読（声に出さない）する人がいるけど、これだと効率が悪い。というのも、目だけで読む形になるよね。音読だと、口や耳も使う。人間は五感をたくさん使ったほうが、知識が残りやすくなるから。このように、口や耳を使った勉強の仕方をボクは「五感学習法」を呼んでいる。受験勉強でも使える方法だよ。

音読をするとき、無理に大きな声を出す必要はない。疲れているときは、ベッドに寝ながら読むスタイルでもいいよ。

また、回数は1日1回でOK。気合を入れて1日10回読む子がいるんだけど、これも効率が悪い。人は長い期間で勉強したほうが、記憶に残りやすいから。10回音読するなら、1日1回×10日間で進めよう。

学校のワークは繰り返し解こう

学校のワークを勉強するなら、繰り返し解くことが大事。「ワークをやったのに、成績が上がりません」という相談がよく来るんだけど、たいてい1回しか解いていない。これは、ただの努力不足。

ボクが中学生の頃は、5回くらいは繰り返していたよ。このとき、暗記ペン、オレンジペン、赤シートの3つを使うといい。

答えの上に暗記ペンで色を塗って、赤シートを載せる。すると答えが消えるから、赤シートをズラすだけで繰り返すことができるよ。

もしくは、水性のオレンジペンで答えを書き込んでもいい。同じように、消えるから。

またこのときも、五感学習法で進めよう。最初は口に出して覚えていくと、効果的だよ。

勉強のコツ

○ 1日1回×10日間音読

長い期間かける

× 1日10回音読

○ 目・耳・口を使って音読

五感をフル活用

× 目だけ使う黙読

ワークを繰り返す3ステップ

5回くらい繰り返す

1 答えをオレンジペンで記入するか、答えの上に暗記ペンで色を塗ろう

2 その上に赤シートを載せる

3 赤シートをズラしながら覚えていく

12 定期テスト対策 英語

❶ 音読と英単語の暗記からスタート

英語は、教科書の音読と英単語の暗記から始めよう。音読が嫌いな人って多いけど、ここを飛ばすと成績が伸びないから注意してね。

理由は、英語と日本語は文章のつくり方が違うから。

● 日本語：私は　りんごが　好き
● 英語：私は　好き　りんごが（I like apples.）

という感じで、同じ意味でも単語の順番が異なるよね。

英語独特の文章構成を頭に入れるためには、音読がいちばん効果的なんだ。

❷ 教科書の英文を覚える

英語のテストでは、英作文が出る。

「私はりんごが好きですという文章を、英語で書きなさい」というような問題だね。そこで、教科書に載っている英文をすべて書けるようにしよう。こういった問題は、たいてい教科書からつくられるから、まる暗記すれば解けるようになるよ。

❸ 学校のワークを繰り返す

英作文は、学校のワークからも出題される。そこで、繰り返し解いてマスターしよう。

このとき答えをまる暗記するのではなく、「なぜこの答えになるか」を理解することが大切だよ。単語とか、変えられたりするからね。

❹ 初めて見る問題に挑戦

学校の教科書やワークだけからテストをつくっていたら、誰でも１００点がとれるよね。そのため先生たちは、少しだけ応用問題を出す。

そこで、塾や書店に売っているワークなど、初めて見る問題に挑戦しよう。すると、応用力がついて解けるようになるよ。

レベル別学習法

レベル1 目標30点

教科書の音読
英単語の暗記

＋ レベル1に加えて

レベル2 目標60点

教科書の英文暗記
ワークを繰り返す

＋ レベル1・2に加えて

レベル3 目標90点

初めて見る問題に
挑戦

英単語を覚える3ステップ

1 単語カードの表に英単語、裏に日本語訳を書く

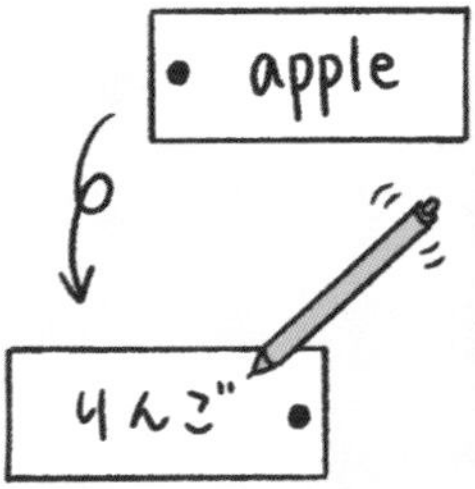

2 英単語を見て、日本語訳がわかるかチェック

3 日本語訳を見ながら英単語がわかるかチェック

教科書の英文を覚える3ステップ

1 教科書の英文の下に、日本語訳を記入

2 英文に暗記ペン（緑）を塗る

3 赤シートをのせて、隠しながら覚えていく

13 定期テスト対策 数学

❶ 教科書の例題を解く

数学は、教科書の例題を解くことから始めよう。すでに予習で解いているなら、2、3回解けば十分。

予習する時間がなくてテスト前に初めて解くなら、5回くらいは解かないといけない。わからない問題は解説を見ながら、完ぺきにマスターしよう。

❷ ワークの基本問題をマスター

次に、学校のワークの基本問題を解こう。これも復習で解いているなら、2、3回解けばマスターできるはず。

数学の場合は、暗記ペンやオレンジペンは使わないほうがいい。答えをまる暗記するわけではないから。あらかじめワークをコピーしておいて、繰り返し解くようにしよう。

❸ ワークの応用問題をマスター

基本問題ができるようになったら、応用問題にも挑戦しよう。時間がかかるけど、根気よく取り組むことが大切。応用まで完ぺきにすれば、60～80点くらいはとれるよ。

❹ ハイレベル問題集を解く

最後は、少し難しい問題に挑戦しよう。塾や書店に売っているワークは、学校のものよりも難しいことが多い。それらが解けるようになると、90点以上も狙えるよ。

また、私立や中高一貫校などレベルの高い中学校は、入試問題を出すこともある。その場合、入試問題がまとまっているワークも解いてみるといいよ。

レベル別学習法

レベル1 目標30点
教科書の例題
ワークの基本問題

＋ レベル1に加えて

レベル2 目標60点
ワークの応用問題

＋ レベル1・2に加えて

レベル3 目標90点
ハイレベル問題集

解説を読んでもわからなかったら？

1 動画を活用

x + y = 5
x + 3y = 7

最近はYouTubeなどに、わかりやすい授業がアップされている。そういったものを使って、理解しよう。

2 わかる人に質問

連立方程式ってわかる？　少し教えてくれない？
得意だよ どの問題？

友達、親、先生などに教えてもらおう。１人で考えていると時間がかかるから、どんどん人に聞こう。

14

定期テスト対策 国語

1 漢字の暗記と教科書の音読

国語は、漢字の暗記と教科書の音読から始めよう。学校で、漢字ドリルとか漢字ノートって、使っているかな？ まずは、そこに載っている漢字を覚えていこう。

教科書の音読も大切。**教科書の文章って、そのままテストに出ることが多い**からね。

音読して流れを頭に入れておくだけで、当日スムーズに問題が解けるよ。

2 学校のワークの答えを暗記

次に、学校のワーク、プリント、小テストの答えを覚えよう。意味がいまいち理解できなくても、答えをまる暗記しちゃえば点数アップできるよ。

そのテストでしか使わない知識だから、テスト前日の夜に一夜漬けで覚えちゃおう。

3 文法や古典をマスター

次に、文法、古文、漢文をマスターしよう。文法は、品詞の分類や文節などを。古文や漢文は、古語と漢字の意味や法則などを覚えよう。

答えをまる暗記するのではなく、解き方を覚えるイメージ。わからないところは、先生や友達に質問しよう。

4 長文読解問題に挑戦

最後は、長文読解。

すべての問題を学校の教科書やプリントから出題したら、誰でも100点がとれるよね。そこで**先生は、初めて見る長文問題を必ず出題する。**

そういった問題を解くには、長文読解の解き方がまとまっている参考書を読もう。いろいろコツがわかるよ。そのあとで練習問題に挑戦すると、解けるようになるはず。

レベル別学習法

レベル1 目標30点

漢字の暗記
教科書の音読

＋ レベル1に加えて

レベル2 目標60点

学校のワークの答えを暗記
文法や古典をマスター

＋ レベル1・2に加えて

レベル3 目標90点

長文読解問題に挑戦

3ステップ文法学習法

1 学校の授業で練習問題に取り組もう

文法問題は、授業中に必ず先生が解説してくれる。まずは、先生の話をしっかり聞いて練習問題に取り組もう。授業中真剣に取り組むことが、いちばん効率のいい学習法だよ。

2 自宅で類似問題を解いてみよう

さらにしっかりマスターしたい場合は、授業で習った日に、自宅で類似問題を解こう。学校のワーク、書店に売っているワークなどを使う形かな。

3 わからないところは、翌日先生に質問しよう

類似問題を解くと、わからない問題が出てくるはず。それらはまとめておいて、翌日先生に質問しよう。このタイミングでマスターすると、テスト前がかなり楽だよ。

15 定期テスト対策 社会

❶教科書の音読をしよう

1つ質問！　社会の授業って楽しい（笑）？

楽しく授業を受けられているなら、ここは飛ばしてOK。つまらなくて寝てるなら、まずは教科書の音読から始めよう。ザックリとした流れがわかるだけで、②以降の勉強効率がアップするから。

❷学校のワーク（基本）をマスター

次に、学校のワークを解こう。社会は暗記科目だから、繰り返し解けば点数が上がる。最低3回、できれば5回くらい解こう。このとき、いきなりすべての問題を解く必要はない。まずは、基本問題に絞ったり、難しい問題は飛ばしたりして解いていこう。

学校からワークが配布されていない場合、書店で購入しよう。買ってきたワークの基本問題だけ、マスターすればOK。

❸学校のワーク（応用）をマスター

次に、学校のワークをすべてマスターしよう。②のときには、難しくて飛ばしていた問題も理解することが大切。最低でも3回、できれば5回くらいは解いて、語句を覚えよう。

このとき、すべての問題を繰り返さなくていい。2回目は1回目に間違えたところだけ、3回目は2回目に間違えたところだけ解けばOK。この流れで進めていけば、勉強効率が上がるよ。

❹ハイレベル問題集や入試問題に挑戦

最後は、学校のワークよりもレベルが高い問題集を解こう。塾で使っているもの、書店に売っているもの、なんでもいいよ。学校のワークとは問題の出し方が違うことに気づくはずだ。そういった問題に慣れることで、応用力がつくよ。時間があれば、入試問題にも挑戦しよう。

レベル別学習法

レベル1 目標30点

教科書の音読

学校のワーク（基本）をマスター

レベル1に加えて

レベル2 目標60点

学校のワーク（応用）をマスター

レベル1・2に加えて

レベル3 目標90点

ハイレベル問題集

入試問題をマスター

覚えられないときはこうする

公民

池上彰さんの本を読もう。語句のまる暗記だけではなく、政治や経済の仕組みまで深く理解すると、覚えやすくなるよ。『14歳からの政治入門』（マガジンハウス）など。

歴史

マンガで、当時の詳しい流れをつかもう。年代の並べ替え問題も解けるようになるよ。『角川まんが学習シリーズ「日本の歴史」』（KADOKAWA）など。

地理

白地図を用意して、地名や国名を書き込もう。だいたいの場所がわかると、覚えるときに楽だよ。

16 定期テスト対策 理科

❶ 教科書の音読をしよう

理科の授業って、しっかり聞いてる（笑）？　社会と同じ質問だね。聞いているなら、ここは飛ばそう。寝ているなら、教科書の音読をして、流れをつかむところから始めよう。

❷ 学校のワーク（基本）をマスター

次に、学校のワークの基本問題だけを繰り返そう。

理科って、計算問題とか化学式とかあるから、数学みたいなイメージをもっている人が多い。でも、ほとんどの問題は覚えるだけで点数がとれるんだ。

例えば、岩石や植物の分野って、まる暗記で点がとれる。こういった単純な問題や、計算問題の基本を繰り返し解いて、マスターしよう。最低3回、できれば5回は解こう。

❸ 学校のワーク（応用）をマスター

基本問題をマスターしたら、次は応用だ。理科は、濃度や圧力などの計算問題も出題される。こういった分野の応用問題は、かなり難しい。わからない問題は解説を読みながら、解けるようにしよう。

また計算問題は、単位に注目すると答えがわかることが多い。例えば、密度の単位は（g／cm^3）。つまり、質量（g）を体積（cm^3）で割ると、答えが出る。こういった解き方のコツを覚えよう。

❹ ハイレベル問題集に挑戦

最後に、塾や書店に売っているワークに取り組もう。理科もすべての問題が、学校の教科書やワークから出るわけではない。一部、レベルの高い問題も出題される。

そこで、学校では使っていないワークや入試問題にも挑戦しよう。応用力がつくよ。

レベル別学習法

レベル1 目標30点
教科書の音読
学校のワーク（基本）をマスター

＋ レベル1に加えて

レベル2 目標60点
学校のワーク（応用）をマスター

＋ レベル1・2に加えて

レベル3 目標90点
ハイレベル問題集をマスター

ゴロで覚えるのもおすすめ

げ：玄武岩
あ：安山岩
り：流紋岩
か：火山岩
は：はんれい岩
せん：せん緑岩
（ん）
か：花こう岩
しん：深成岩

白 → 黒　白 → 黒

右に行けば行くほど、岩石の色が黒くなる。

理科って、覚えづらい分野も多い。例えば、地学の岩石のところって、

・色
・鉱物の割合
・名前

など本当にややこしい。こういった部分は、ゴロで覚えると楽だよ。まずは「しんかんせんはかりあげ」というフレーズを覚えよう。すると、 火成岩の名前が頭に入る。

また、このゴロを覚えると岩石の色もわかる。右に行けば行くほど、岩石の色が黒くなるからね。理科には、こういった覚えるためのゴロがたくさんある。

最近はネットで調べるといろいろ出てくるから、覚えづらい分野は調べてみよう。

17 定期テスト対策

副教科

勉強のやりすぎに注意

副教科は「時間をかけすぎない」ことが大切。

5教科って、高校受験当日のテストでも出題されるよね。だから、しっかり勉強しないといけない。

でも副教科は、受験当日のテスト科目ではない。だから目の前の定期テストの点数さえとれればいいわけだ。

そこで、テストの3日前くらいから対策しよう。慣れてきたら、一夜漬けでもＯＫ。副教科にはあまり時間をかけすぎず、5教科の勉強に時間を使うことが大事だよ。

❶ 出題テキストをリサーチ

ではどうしたら、短時間の勉強で高得点をとることができるのか。ポイントは、リサーチをすること。

副教科って、教科ごとに授業の進め方が違う。プリントを使う先生、教科書を使う先生、いろいろいる。そこで、先生がどのように授業をしているかチェックしよう。

❷ 出題テキストを暗記しよう

次に、先生が授業で使っているテキストを中心に勉強しよう。プリントを使う先生なら、プリントからテストをつくるはず。そこで、プリントをまる暗記するんだ。

副教科は応用問題がないから、語句をまる暗記すれば高得点がとれるよ。時間があればほかのテキストも勉強するといい。プリントを使う教科でも、教科書の重要語句を覚えるんだ。ここまでやれば、80点以上はとれるよ。

ちなみに副教科は、実技テストと提出物の配点が大きい。学校や教科にもよるけど、6割くらいはこの2つで決まることもある。目の前のテストと同じくらい、提出物にも力を入れよう。

美術や技術・家庭の作品は、期日を守ることが大切。できるだけ、ていねいに仕上げよう。体育や音楽の実技テストは、恥ずかしくても受けよう。欠席すると0点になることもあるから、注意。

教科ごとのポイント

音楽

授業中に聴いた曲と作曲者の名前は高確率で出題される。楽譜の読み方もよく出る。

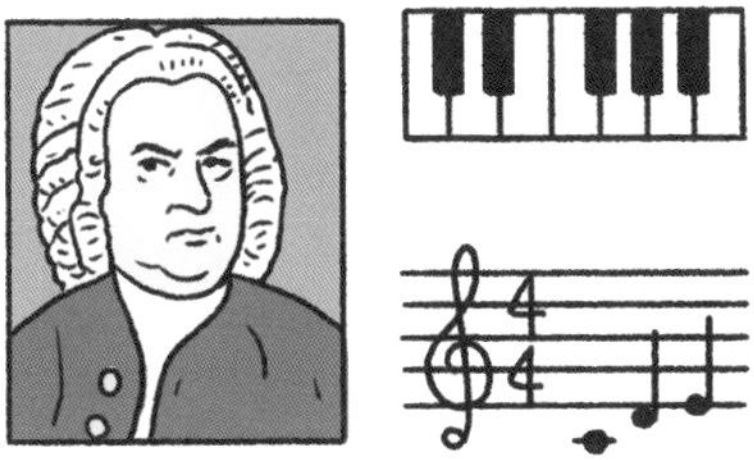

美術

画家の名前や活躍した時代は要チェック。

家庭

料理を作るポイント（切り方や食材を入れる順序など）や洗濯表示マークの意味などは要チェック。

技術

木材を加工する流れやパソコンのキーの名前などはよく出る。

保健体育

スポーツのルールや、使用器具の名前などは出題頻度が高い。

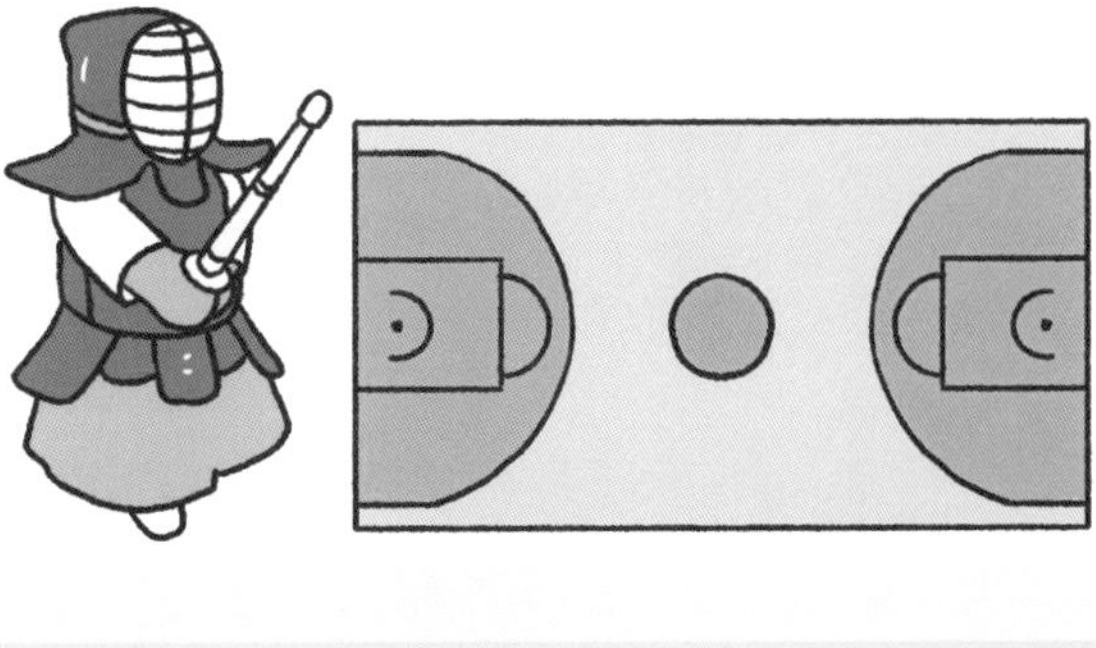

18 定期テスト前の目指すレベル別学習スケジュール

キミがとりたい点数は？

勉強スケジュールについても説明しよう。勉強方法がわかっても、テストまでに終わらなかったら点数が上がらないからね。

ここでクイズ！　定期テストの勉強はいつから始めればいいと思う？

答えは、**目指す点数（レベル）によって違う。**

キミが全教科30点以上とれれば十分（レベル1）なら、テストの7日前から始めれば間に合うよ。

でも、全教科60点以上を狙いたい（レベル2）なら、7日前では遅い。最低でも、14日前から始めないといけない。

全教科90点以上狙う（レベル3）なら、21日前から始めるくらいがいいかな。

結果を見ながら改善していこう

もちろん、これらはあくまでも目安。実際には、テストの難易度やキミのやる気によって変わる。そこで、テスト結果を見ながら改善していこう。

例えば、全教科60点を目指して、14日前から勉強を始めたとする。しかし、結果は50点。この場合、勉強時間が足りなかったということだ。そこで次回は、17日前から始めてみよう。

また、**1日の勉強時間を増やしてもいい。**1日2時間勉強していたなら、3時間にすれば勉強時間は増えるからね。結果を見ながら、日々改善することが大切だよ。

p.80～81、目指すレベル別のおすすめ学習スケジュールをまとめた。参考にしてね。

レベル別学習スケジュール

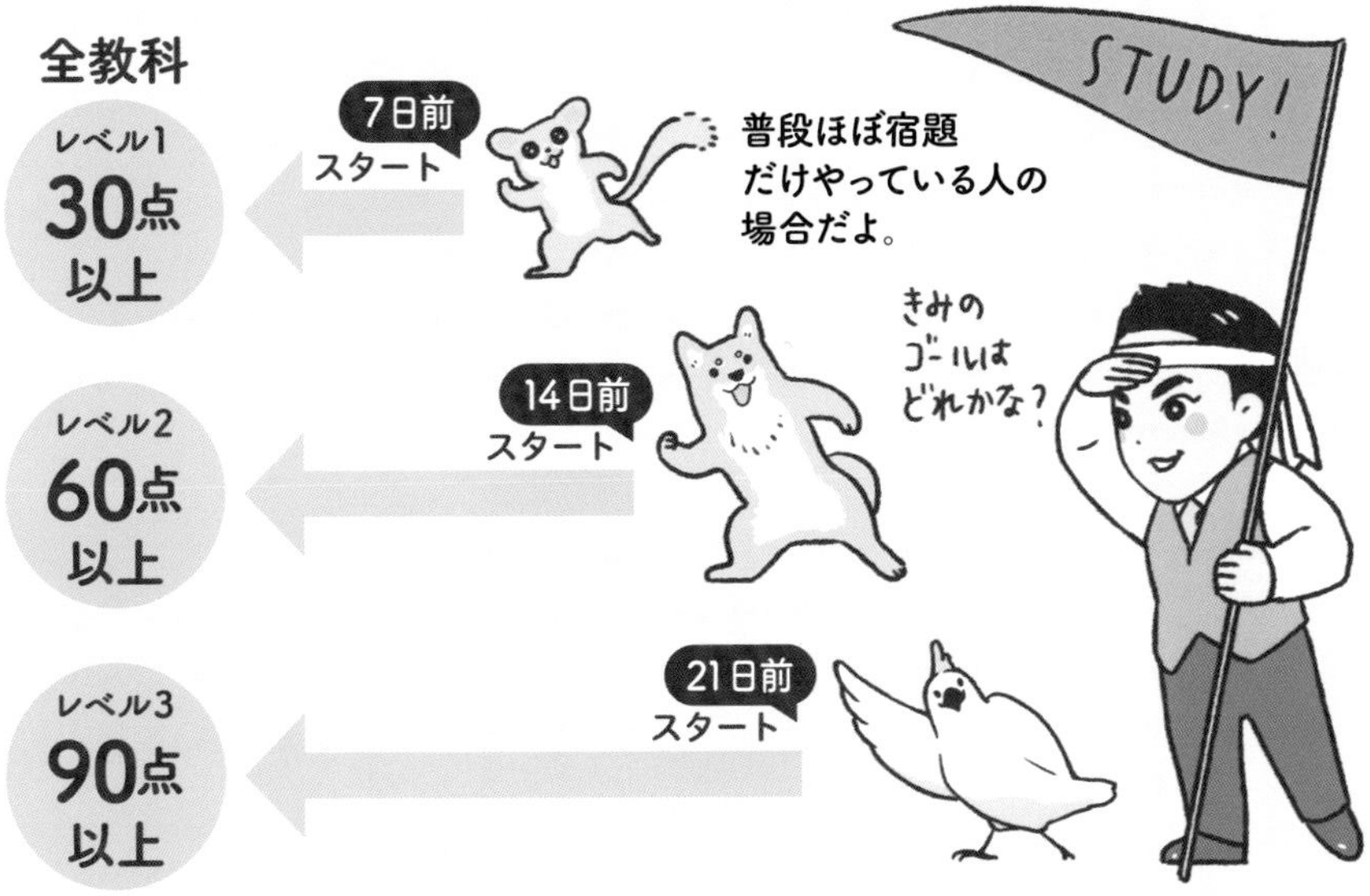

計画を立てたら毎日チェックしよう

計画を立てても、見直さなかったら意味がない。そこで、机の前にスケジュール表を貼って、毎日チェックしよう。今日は何をするかを確認してから始めるだけで、無駄な勉強をしなくてすむよ。

最近は、携帯のカレンダーで計画を立てている人も多い。でもこれはおすすめできない。カレンダーを見るつもりでも、ついゲームをしたり、LINE の返信をしたりしちゃうからね。できるだけ紙に書いて、見えるところに貼っておこう。

自分の目標別に、いつからどのくらい何をどれだけ
勉強したらいいのかをこの表で確認して調整しよう。

14日前

- 教科書の音読＋英単語の暗記
- 教科書の例題＋ワークの基本問題
- 教科書の音読＋漢字の暗記
- (教科書の音読)＋ワークの基本問題
- (教科書の音読)＋ワークの基本問題

- 教科書の英文暗記＋ワークを繰り返す
- ワークの応用問題をマスター
- 文法や古典をマスター
- ワークの応用問題をマスター
- ワークの応用問題をマスター

21日前

- 教科書の音読＋英単語の暗記
- 教科書の例題＋ワークの基本問題
- 教科書の音読＋漢字の暗記
- (教科書の音読)＋ワークの基本問題
- (教科書の音読)＋ワークの基本問題

目指すレベル別学習スケジュール例

このまま
コピーして
机の前に
貼ろう！

定期テスト

7日前

レベル1 全教科30点以上 平日1時間 土日3時間計画	英語	教科書の音読＋英単語の暗記
	数学	教科書の例題＋ワークの基本問題
	国語	教科書の音読＋漢字の暗記
	社会	（教科書の音読）＋ワークの基本問題
	理科	（教科書の音読）＋ワークの基本問題
レベル2 全教科60点以上 平日2時間 土日6時間計画	英語	教科書の英文を暗記＋ワークを繰り返す
	数学	ワークの応用問題をマスター
	国語	ワークの暗記＋文法や古典をマスター
	社会	ワークの応用問題をマスター
	理科	ワークの応用問題をマスター
レベル3 全教科90点以上 平日3時間 土日9時間計画	英語	初めて見る問題に挑戦
	数学	ハイレベル問題集を解く
	国語	長文読解問題に挑戦＋ワークの暗記
	社会	ハイレベル問題＋入試問題
	理科	ハイレベル問題＋入試問題

19 理想的な1日の「おうち学習スケジュール」

集中力のピークタイムは？

ここからは、どういった流れで1日を過ごしていくと、楽しく勉強できるかを紹介しよう。

まず、勉強ってどれくらい継続してできるかな？

この時間は人によって違う。長いと1時間くらいできるし、短いと15分くらいが限界だと思う。

ボクはこの時間を「集中力のピークタイム」と呼んでいる。まずは、この時間をはかってみよう。

このときのポイントは「無理しない」こと。

30分勉強するのが難しいなら、キミのピークタイムは15分くらいだろう。無理に30分にすると、勉強効率が悪くなるから注意してね。

また、**ピークタイムは最大でも45分**にしよう。学校の授業って1コマ45分だと思う。そのため、体がこの時間で勉強することに慣れているんだ。受験も1教科45分くらいで設定されているから、それに合わせて勉強していこう。

集中力のリカバリータイムは？

次に「集中力のリカバリータイム」もチェックしよう。これは、1回の勉強が終わったあと、もう一度始められるまでの時間のことだ。

例えば、45分勉強したとする。その後、15分くらい休めば再び勉強できるなら、リカバリータイムは15分だ。

短いと5分もあれば十分かな。勉強に慣れていないと、30分くらいかもしれない。ただ**30分以上休むと、逆にやる気がなくなっちゃうから注意**してね。

ピークタイムとリカバリータイムの時間を組み合わせて計画を立てていくと、ストレスなく勉強できるよ。

ちなみにリカバリータイム中は何をしてもOK。ただ、ゲームをすると、つい長時間やってしまうことがある。

どうしても時間内にやめられないなら、勉強が終わってからにしよう。もう少し詳しい過ごし方は、p.116にまとめた。こっちも読んでみてね。

定期テスト前の理想的な1日のおうち学習スケジュールの例 平日（中1～中3共通）

平日は、勉強できる時間が短い。そこで、部活がなくて16時くらいに帰ってこられるなら、帰宅後すぐに勉強しよう。ダラダラしていると、あっという間に夜になっちゃうからね。部活があって帰宅時間が18時頃なら、先にご飯を食べてからスタートするといい。空腹だと、集中できないからさ。夕食の時間が遅いなら、軽食を食べてから勉強するのもおすすめ。

勉強がニガテな人

ピークタイム
15分

リカバリータイム
30分

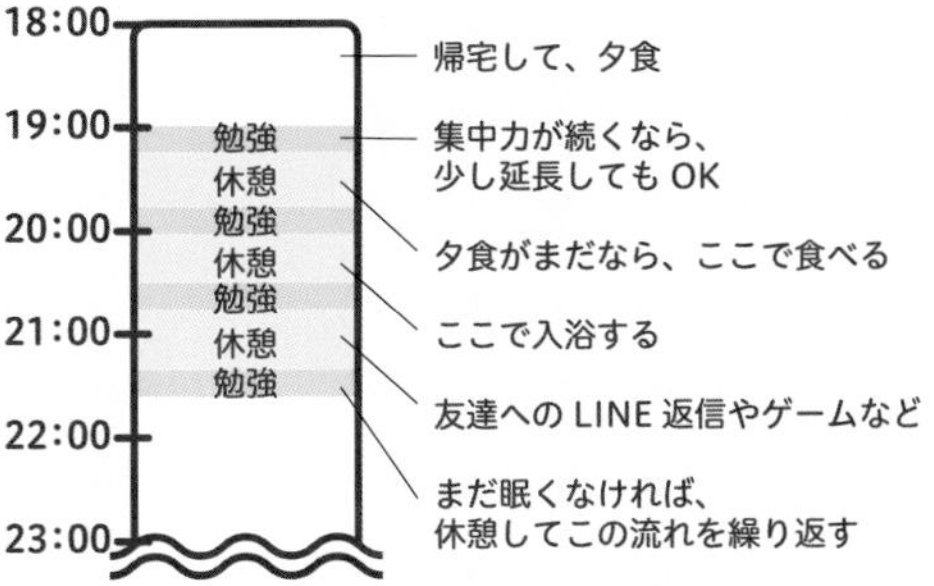

少しずつ勉強に慣れてきた人

ピークタイム
30分

リカバリータイム
15分

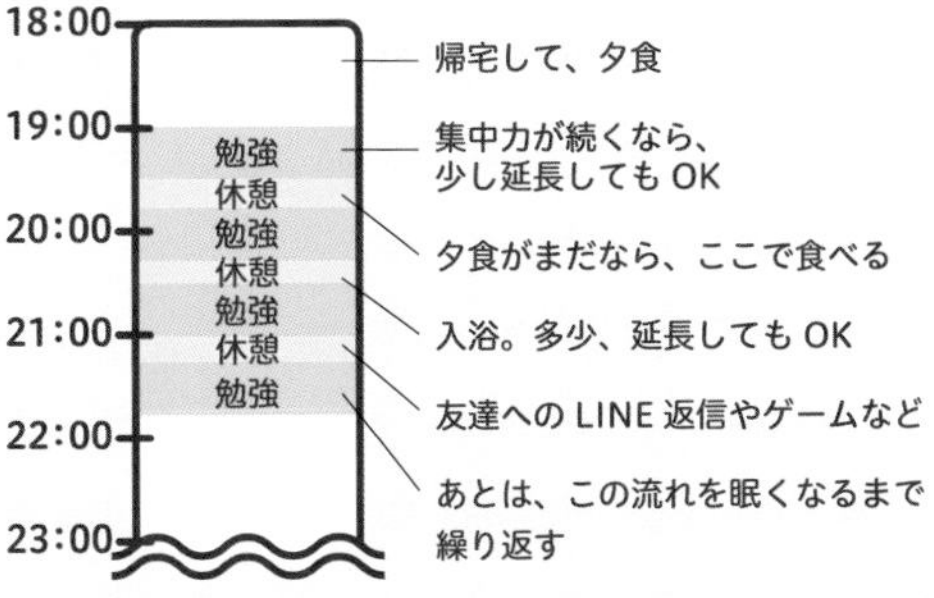

勉強が得意な人

ピークタイム
45分

リカバリータイム
15分

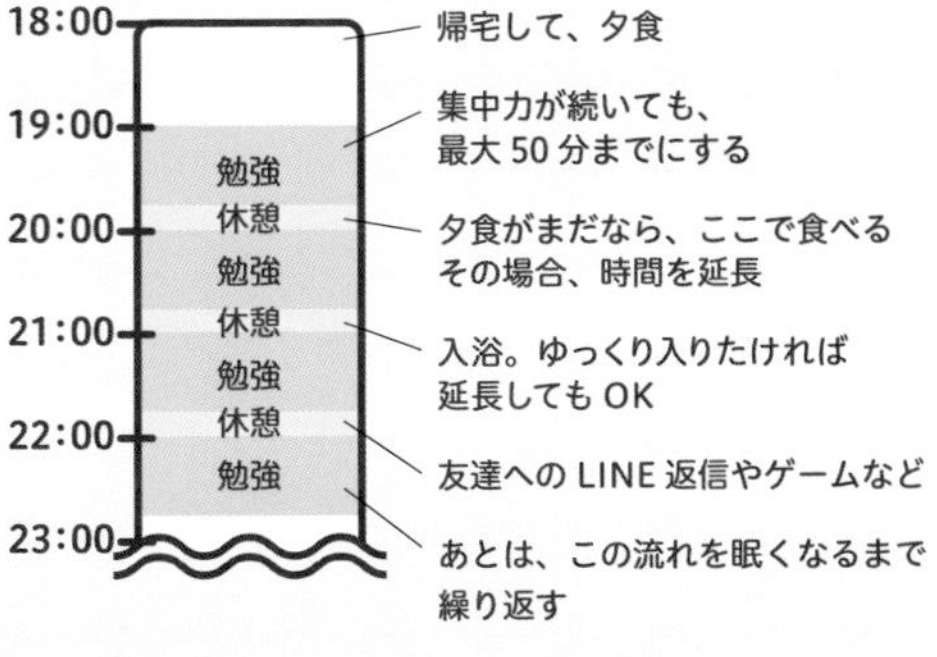

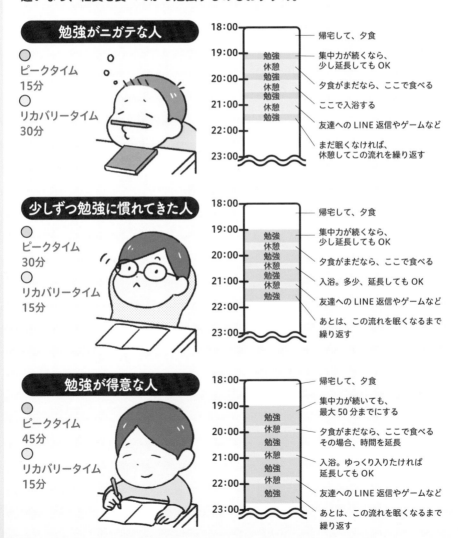

スケジュールの例 （土日）（中1～中3共通）

勉強がニガテな人

◯ピークタイム15分、
◯リカバリータイム30分

時刻	内容	メモ
7:30	起床	起床して、朝食 着替えなど
8:30	勉強	集中力が続くなら、少し延長しても OK
8:45	休憩	図書館や塾の自習室に移動（自宅でも OK）
9:15	勉強	15 分の勉強と 30 分の休憩を交互に
9:30	休憩	
10:00	勉強	
10:15	休憩	
10:45	勉強	
11:00	休憩	
11:30	勉強	
11:45	休憩	
12:15	勉強	
12:30	昼休憩	友達とお弁当を食べるのもおすすめ
13:30	勉強	勉強再開
13:45	休憩	勉強と休憩を交互に
14:15	勉強	
14:30	休憩	
15:00	勉強	
15:15	休憩	
15:45	勉強	
16:00	休憩	
16:30	勉強	
16:45	休憩	
17:00		終了 自宅に帰る（ここまでできたら、夜はゲームなどをしても OK）

休日は、一日中勉強できる。そのため、朝はゆっくりしてしまうかもしれない。ただ、できるだけ８時までには起きよう。ライバルは、朝からしっかり勉強しているからね。また、一日中家で勉強するのは疲れるから、場所をかえるのもおすすめ。

午前中は考える科目、午後は覚える科目を

一日中勉強する場合、午前中は数学や国語の長文読解など、考える科目にあてるのがおすすめ。朝は脳のエネルギーも満タンだから、スラスラ解けるはず。

午後からは、社会や理科の語句の暗記など、覚える科目にあてるといい。覚えるだけだから、多少脳が疲れていても問題ないよ。

そして寝る前は、漢字や英単語の暗記など、毎日コツコツ覚えていく勉強をしよう。

定期テスト前の理想的な1日のおうち学習

勉強が得意な人

ピークタイム45分、
リカバリータイム15分

時刻	内容	
7:30	起床	起床して、朝食 着替えなど
8:30	勉強	集中力が続いても、最大 50 分までにする
9:15	休憩	図書館や塾の自習室に移動（自宅でも OK）
9:45	勉強	45 分の勉強と 15 分の休憩を交互に
10:30	休憩	
10:45	勉強	
11:30	休憩	
11:45	勉強	
12:30	昼休憩	友達とお弁当を食べるのもおすすめ
13:30	勉強	勉強再開
14:15	休憩	勉強と休憩を交互に
14:30	勉強	
15:15	休憩	
15:30	勉強	
16:15	休憩	
16:30	勉強	
17:00	休憩	終了 自宅に帰って ゲームなどをしても OK 夕食なども
19:00	勉強	勉強再開
19:45	休憩	入浴 ゆっくり入りたければ延長しても OK
20:00	勉強	
20:45	休憩	
21:00	勉強	
21:45	休憩	
22:00	勉強	終了
23:00		

少しずつ勉強に慣れてきた人

ピークタイム30分、
リカバリータイム15分

時刻	内容	
7:30	起床	起床して、朝食 着替えなど
8:30	勉強	集中力が続くなら、少し延長しても OK
9:00	休憩	図書館や塾の自習室に移動（自宅でも OK）
9:30	勉強	30 分の勉強と 15 分の休憩を交互に
10:00	休憩	
10:15	勉強	
10:45	休憩	
11:00	勉強	
11:30	休憩	
11:45	勉強	
12:15	昼休憩	友達とお弁当を食べるのもおすすめ
13:15	勉強	勉強再開
13:45	休憩	勉強と休憩を交互に
14:00	勉強	
14:30	休憩	
14:45	勉強	
15:15	休憩	
15:30	勉強	
16:00	休憩	
16:15	勉強	
16:45		
17:00	休憩	終了 自宅に帰って ゲームなどをしても OK 夕食など
19:00	勉強	勉強再開
19:30	休憩	入浴 ゆっくり入りたければ延長しても OK
19:45	勉強	
20:15	休憩	
20:30	勉強	
21:00		終了 ここからは頑張った自分へのごほうびとしてゲームなどOK

「コツコツ型」と「追い込み型」

キミはどちらのタイプ？

人は「コツコツ型」と「追い込み型」の２パターンに分かれる。コツコツ型は、毎日コツコツ勉強をしていくタイプ。追い込み型は、普段はそこまで勉強していないけど、テスト前に一気に追い込むタイプ。

通常やる気がある人は、コツコツ型になることが多い。日頃から宿題が終わったあとに、予習や復習までしちゃうからね。時間がある週末には、１、２カ月先のテスト勉強もしたりする。

一方、そこまでやる気がない人は追い込み型になることが多い。日ごろは、ゲームや友達とのLINEなどをしている。ただテスト前になると「そろそろやるか」と重い腰を上げるわけだ。キミはどちらのタイプかな？

最初は追い込み型からスタート

この本は、勉強に対してやる気がない人でもできるようにつくった。キミもそうなら、まずは追い込み型から始めよう。普段は、宿題さえしていればOK。

ただテスト前になったら「ごほうび作戦」でやる気を出そう。そして、計画を立てて勉強を頑張るんだ。

part2で解説した勉強スケジュールは、追い込み型向けにつくっている。つまり、普段は宿題しかしていなくても、２週間前から勉強すれば全教科60点以上目指せるわけだ。

また、実際にテストで結果が出ると、勉強のやる気も上がる。「私もやればできる。次は、もっといい点数がとれるかもしれない」と思うからね。そういった気持ちになったら、少しずつ予習や復習も進めていこう。するとテスト７日前から勉強を始めても、60点以上とれるようになるよ。

part 3

合格率97％の高校受験攻略法

1 勉強スケジュールは「逆算思考」でつくろう

勉強する前に計画を立てよう

受験勉強を始めるとき、最初にやってほしいのがスケジュールを立てること。というのも、

- **勉強を始める時期**
- **現在の成績**
- **志望校の偏差値**

によって、1日の勉強時間が変わってくるから。

もちろん、志望校は変わるかもしれない。そこで、最初から完ぺきなスケジュールをつくらなくてもいい。ある程度の目安がわかれば十分だよ。

1日何時間なら勉強できる?

キミは、1日何時間くらいなら勉強できそうかな? 平日と土日で分けて考えてみよう。例えば、平日1時間、土日2時間ならできそうだとする。その場合、最初はこの時間で計画を立ててみよう。

もちろん、これは最初だけの話。最終的には、志望校の偏差値から逆算して勉強時間を変えていこう。このときに役立つのが模試。模試でわかった「現時点でのキミの偏差値」を見ながら、1日の勉強時間や学習スケジュールを考えよう。

無理に増やさなくていい

多くの場合、模試の結果を見ると勉強時間を増やすことになる。ただ、誰にでも限界はある。1日24時間しかないからね。

そこで「これ以上増やせない」と思ったら、無理に増やさなくてOK。睡眠時間を削るという方法もあるけど、授業中に寝てしまったら逆効果になる。無理して時間を増やすのではなく、

- **集中力**
- **勉強効率**

を上げることで、偏差値アップを目指そう。

勉強時間は「＋30分理論」で決めよう

もしキミの偏差値が50で、志望校の偏差値が55なら、偏差値をあと5上げないといけない。5上げたいなら、1日の勉強時間を＋30分しよう。10偏差値が離れているなら、＋1時間（＋30分×2）。これを目安に計画を立て直そう。

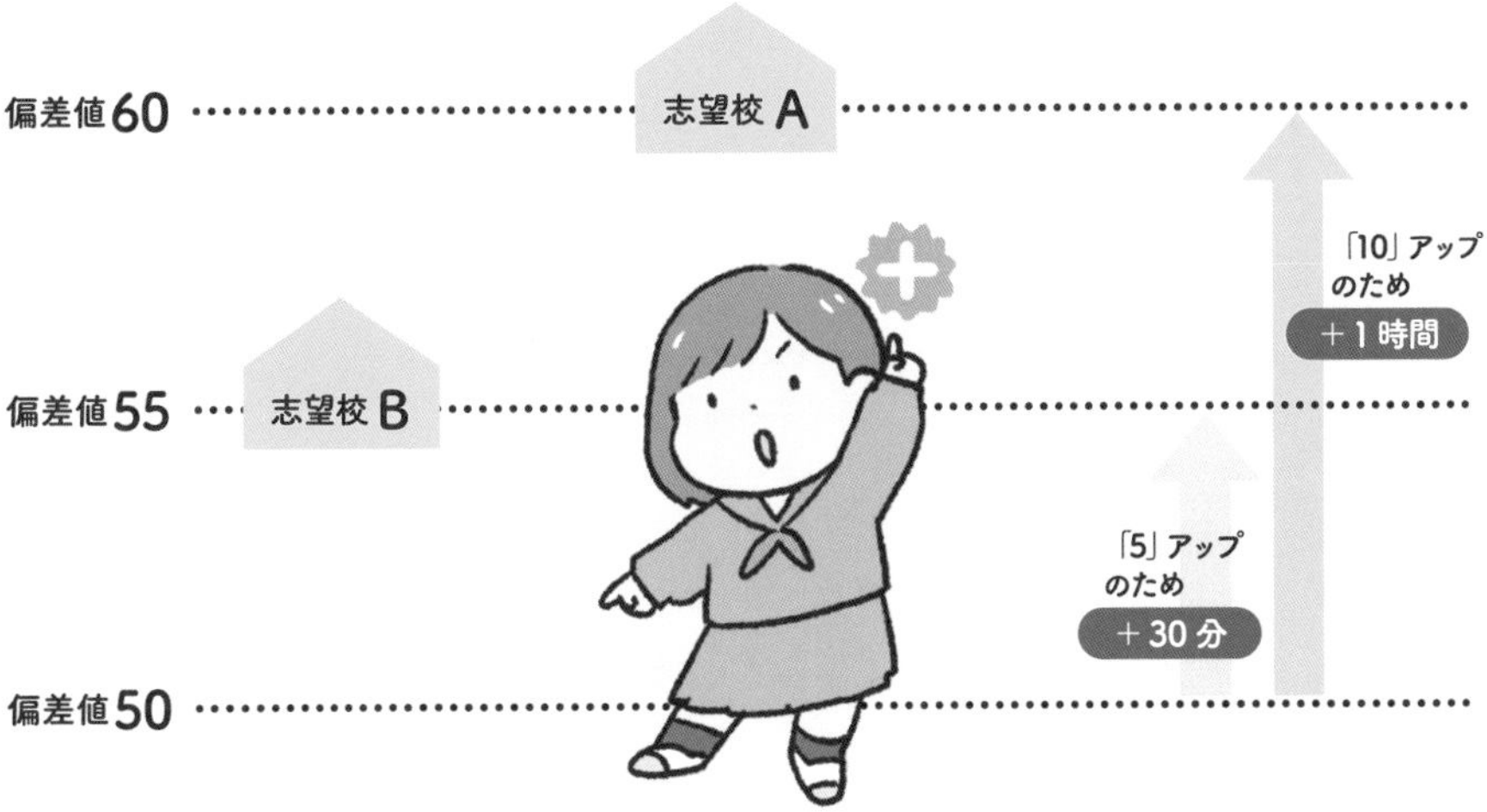

計画表はこうつくろう！

★まずは立ててみる（8月から始める場合）

8・9月	英語と数学の基本をマスター
10・11月	国語と社会と理科の基本をマスター
12月	過去問に挑戦
1月	ニガテ問題を克服
2月	面接と小論文対策

★9月末に受けた模試で英語と数学の偏差値が上がっていないことを発見！　応用までマスターする計画に変更

10月	国語と社会と理科の基本をマスター
11月	英語と数学の応用をマスター
12月	国語と社会と理科の応用をマスター
1月	過去問に挑戦＋ニガテ問題を克服
2月	面接と小論文対策

2 自分のレベルに合った「バッグン問題集」を選ぶ

キミにぴったりの問題集を選ぼう

勉強スケジュールが決まったら、次に問題集を選ぼう。自分に合っていないものを選ぶと、成績が上がらないからね。キミにぴったりの問題集のことを、ボクは「バッグン問題集」と呼んでいる。これが見つかるかどうかで、勉強効率は3倍以上変わってくるよ。

バッグン問題集の選び方は2つ！

① 志望校のレベルに合っている

偏差値45まで：学校で使っているものよりも、薄くて簡単なものを選ぼう。もしくは、5教科が1冊にまとまっているもの。

偏差値45〜55：学校で使っているくらいのレベルの問題集を選ぼう。１教科１００ページ前後のボリュームがあれば十分。

偏差値55以上：学校で使っているレベルの問題集に加え、応用問題がまとまっているものを追加で使おう。

② 自分が使いやすいと思ったもの

人のおすすめ問題集はそのまま買うな

学校や塾の先生、お父さんやお母さんから「この問題集いいよ」とすすめられることもある。

ただ、それをそのまま買うのはやめよう。人によって、使いやすいと感じるものが違うからね。キミが使いやすいと思ったものを選ぶようにしよう。

１つアドバイスするなら、できるだけ「解説が詳しいもの」を選ぶと勉強効率はアップするよ。

解説が簡単だと、わからない問題をイチイチ質問しないといけない。これは面倒だよね。解説が詳しければ自分で理解できるから、時間短縮につながるよ。

志望校のレベル別問題集

偏差値55以上

ボリューム：問題集によって異なるため、薄くてもOK。
レベル：学校で使っているものより難しい。

（おすすめ例）
『最高水準問題集 高校入試 国語』（文英堂）

偏差値45～55

ボリューム：各教科80～150ページくらいのもの。
レベル：学校で使っているものと同じ。

（おすすめ例）
『高校入試 合格でる順 英語 四訂版』（旺文社）

偏差値45まで

ボリューム：できるだけ薄く、1教科50ページ前後or 5教科なら150ページ前後のもの。
レベル：学校で使っているものよりも簡単。

（おすすめ例）
『高校入試 中学3年分をたった7日で総復習 数学』（学研プラス）

自分が使いやすいと思ったものを選ぼう

問題集によって
- 色の使い方
- 解説の仕方
- 文字の大きさ
- 答えと問題の配置

が違っている

3 合格率97%「英語」の3ステップ受験勉強法

step 1 英単語と英熟語の暗記

ここからは、受験勉強のやり方を紹介するね。どの教科も、3ステップ形式でまとめた。題して「3ステップ受験勉強法」だ。キミの目指す高校に合わせて、進めてほしい。

英語は、とにかく英単語と英熟語の暗記から始めよう。これらの意味がわからないと、文章が読めないからね。また、単語が書けなければ、英作文問題も解けない。そこで、高校受験に出題される英単語や英熟語がまとまっている単語集を用意しよう。そこに載っているものを、コツコツ覚えていくわけだ。やり方は、定期テスト対策（英語）のところで解説した「単語カード」を使った方法でOK。

step 2 英文法をマスター

次に、文法をマスターしよう。文法を理解すると、文章の時系列や文章構成がわかるようになる。

すると、詳しい内容まで理解できるようになるよ。

そこで、高校受験対策ワークの中にある文法問題を繰り返し解こう。重要な文法がまとまっているから、1冊マスターすれば基本的なものは理解できるはずだ。このとき、答えをまる暗記するのではなく、なぜそうなるかを理解することが大切だよ。

step 3 長文とリスニング対策

英語の受験問題のメインは、長文読解だ。つまり、長文読解が解けるようになると当日点は一気に上がる。そこで、受験対策ワークの中にある長文読解問題を繰り返し解こう。何度か解くうちにスラスラ読めるようになってくるよ。

最近は、リスニング問題を出題する学校も多いから、受験対策ワークのCDを使って勉強していこう。リスニング問題を解くコツは、とにかく音声を聞くこと。耳を英語に慣れさせることで、聞き取れるようになるから。1日5分でもいいから、継続的に聞くといいよ。

最後に、過去問を3年分解こう。

高校受験の英語の問題は、主に4つのパートでできている！

この4つが
入っている
ワークを選ぼう

3 作文問題
自分で英文をつくる問題。

1 長文読解問題（メイン）
長文を読んで、問いに答える問題。

4 リスニング問題
CDを聞きながら、答えていく問題。

2 文法問題
文章のつくりに関する問題。

ただし、リスニング問題は、ワークによって入っていないこともある。その場合は、別途リスニング問題だけがまとまっているワークを買ってもOK。

時制に気をつけよう！

長文読解、文法、リスニング……、どの問題を解くうえでも大事なのが「時制の理解」だ。

時制ワード

（today, yesterday など）

このワードが出てきたら、必ず時制がわかる単語ってある。こういった英単語の意味は、絶対に覚えておこう。

動詞の語尾や形

（～ ed, will など）

過去の話なら、動詞の語尾に ed や d がつく。未来の話なら、動詞の前に will や be going to がつく。また、go-went みたいに動詞そのものが不規則に変わるものもあるよ。このあたりは、英単語を覚えるときに必ずチェックしておこう。

今解いている問題は、

昨日の話なのか（過去）

今の話なのか（現在）

1カ月後の話なのか（未来）

4 合格率97% 「数学」の3ステップ受験勉強法

step 1 基本問題をマスター

数学も、受験対策ワークを使って勉強していこう。

このとき、注意してほしいのは、ワークの問題は基本と応用に分かれていること。まずは基本だけを、解いていこう。いきなり応用にとりかかると、最後まで終わらないかもしれないからね。

3回くらい解けば、ある程度マスターできるはず。計画的に進めていこう。

よくわからない問題があったら、その分野だけ教科書の例題を解き直すといいよ。

step 2 応用問題をマスター

次に、応用問題にとりかかろう。応用は基本と違って、問題が難しくなる。そのため、1問解くのに時間をかけすぎないように注意しよう。

受験までの時間は限られているからね。

3分考えてわからなかったら、飛ばす。そして、解説を読んで理解するのがポイント。先生や友達に教えてもらうのもアリだよ。

step 3 ハイレベル問題集を解く

偏差値50以上の学校を目指しているなら、さらにレベルの高い問題に挑戦しよう。

書店に行くと、応用問題や入試問題が集まっているワークがある。

そういったものを勉強しよう。塾に通っているなら、そこで使っているワークで進めてもいいよ。

ここまでマスターすると、レベルの高い私立高校の問題もできるようになるはず。

最後に、過去問を解くことも忘れずにね。

数学は学校ごとに問題の雰囲気や出し方が違うから、3年分は解いて問題に慣れよう。

高校受験の数学の問題は、主に2つのパートでできている！

1 基本問題

その分野の中で、最も基本的な問題。これが解けないと、その後の応用問題を解くことは難しい。まずは、ここからマスターしよう。

2 応用問題

その分野のことをしっかりと理解していて、ほかの分野の基礎知識がないと解けない問題。基本問題をマスターしたら、こちらにも取り組もう。

まずは基本問題を
3回解いて
マスターしよう

途中式は必ず書こう

数学で多いのが計算ミス。ひどい場合、1割くらい計算ミスで落とすこともある。じゃあ、どうしたらミスをなくせるのか。いちばん大事なのは、途中式をていねいに書くこと。

というのも、受験当日は心が焦っている。すると頭の中の計算では、絶対に間違えちゃう。あとで見直しもできるように、ていねいな字で途中式を書こう。

$$(-3)^2-5\times(3+4)=9-5\times7$$
$$=9-35$$
$$=-26$$

この途中式を必ず書こう。
頭の中で計算すると、
間違えやすいから注意。

公式はまとめていこう

高校受験は、範囲が中学3年間になる。そのため、使う公式の数もかなり多い。そこで、重要な公式は、まとめノートにメモしていこう。このノートを見れば、どんな問題も解けるようにするのがポイント。

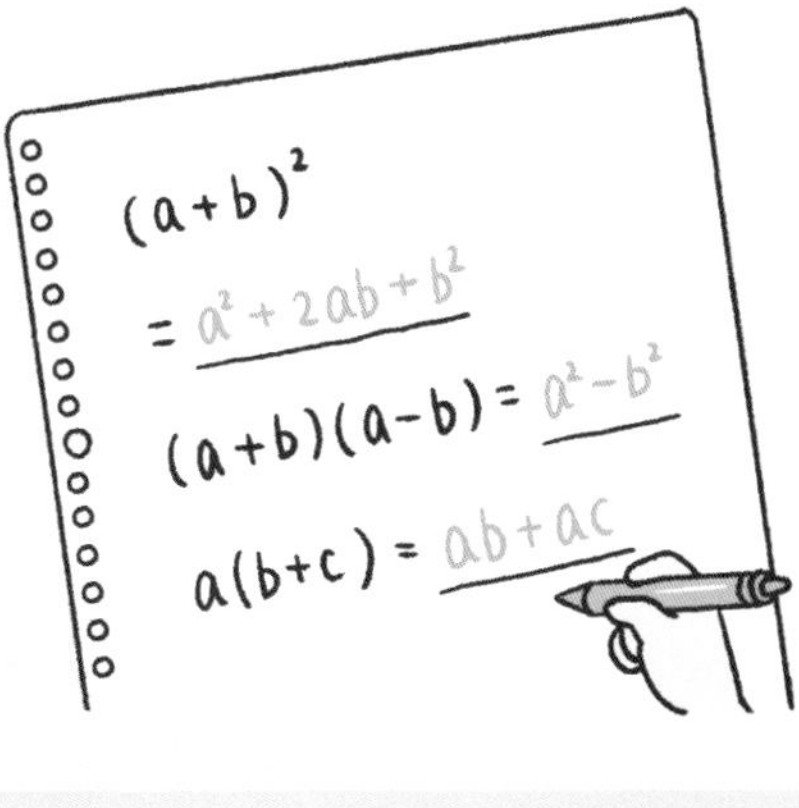
(a+b)²
= a² + 2ab + b²
(a+b)(a−b) = a² − b²
a(b+c) = ab + ac

5 合格率97% 「国語」の3ステップ受験勉強法

step 1 漢字を覚える

国語は、漢字から勉強しよう。覚えるだけで点数がもらえるラッキー問題だからね。

書店に行くと、受験に出題される漢字がまとまっている参考書が売っている。それを購入して、毎日コツコツ覚えていこう。漢字は単語カードを使って覚えるといいよ。

step 2 受験対策ワークをマスター

次に、受験対策ワークを解こう。

この中には、高校受験に出題される問題が一とおり載っている。1冊マスターすれば、最低限必要な知識は身につくよ。

特に、古文と漢文は要チェック。多くの学校で出題されるからね。文法や法則を理解し、よく出る古語や漢字は意味を覚えよう。

step 3 長文読解対策をする

国語の入試問題のメインは長文読解だ。ここで点数がとれるかどうかで、勝敗は決まるともいえる。では、どのように勉強するのがいいと思う?

「なんとなく」解いているように思われている長文読解には実は、「正しい解き方」がある。

例えば、「本文①が示しているものは、次のうちのどれでしょう」という問題って出るよね。こういった問題は「①の直前の文章をチェックする」とわかることが多い。

長文には、こういった解き方のコツがあるんだ。これをマスターすると、点数が上がるよ。

学校の授業ではすべての解き方のコツを教える時間がない。そこで書店に売っている参考書を買って、自分でマスターしよう。

最後は過去問。国語の受験問題は時間との戦いになるから、時間内に解く練習をしておこう。

高校受験の国語の問題は、主に3つのパートでできている！

1 知識問題

漢字や慣用句、文法などの問題。

2 古文・漢文問題

古文や漢文の文法や読解問題など。

3 読解問題

物語や論説文を読んで、問題に答える形式。

高校受験用のワークを1冊マスターして最低限の知識をつけよう

論説文は「つまり」と「しかし」をチェックしよう

「主張」を見つける2つのカギ

1 「つまり」と「しかし」のあと

主張は、「つまり」と「しかし」のあとに書いてあることが多い。そこで、この2つの接続詞に○をつけながら読もう。

2 「最初」と「最後」をチェック

主張は、本文の最初と最後に書かれていることが多い。なかなか見つからず悩んだら、このあたりを重点的に読んでみよう。

論説文は、話題（問題提起）→主張→理由→事例（→主張）という流れで書かれていることが多い。その中でも特に大事なのが「主張」。つまり、作者が言いたいことだ。これをつかむことができれば、たいていの問題は解けるようになる。

6 合格率97%「社会」の3ステップ受験勉強法

step 1 受験対策ワークを覚える

もしキミが、この本を3年生の12月に読んでいて、受験まで時間がないとする。そして、これまで何も勉強してこなかったなら、残り3カ月は社会を中心に勉強しよう。社会は3カ月間本気で勉強すれば、誰でも70点以上とれるからだ。

やり方も簡単。受験対策ワークをひたすら覚えるだけ。ただし、1回解いただけではダメ。最低でも3回は解こう。つまり、3回解けるくらい薄めの問題集を選ぶことが大切だよ。

step 2 出題傾向が高い部分を対策

次に、出題されやすい部分を重点的に勉強しよう。「受験の仕組み」のところで解説したように、受験勉強は過去問をチェックすることから始めないといけない。

ここで見つかった、出題されやすいところを集中的に勉強しよう。

例えば、

・グラフ問題がよく出る→入試問題で勉強
・年代の並べ替え問題が出やすい→年代を覚える

みたいな感じかな。これは、受ける年や学校によって変わるから、自分で調べて対策しよう。

参考までに、ボクは毎年8月に、高校受験対策勉強会を行っている。そこでは、最近の入試問題で出題されているところと対策法を伝えている。

興味があったらホームページをチェックしてね（道山ケイで検索）。

step 3 過去問を解く

最後は過去問。ほかの教科と同じで、最低3年分は解こう。すると、覚えたつもりで記憶があいまいなところが見つかる。そこはもう一度、受験対策ワークを解き直そう。

歴史のポイント

歴史は、年代の並べ替え問題が出題されやすい。そこで、年代の数字（関ヶ原の戦いは 1600 年）か、歴史の順序（関ヶ原の戦い→徳川家康が征夷大将軍になる→大坂の陣）を覚えておこう。

年代の数字を覚えよう

1338
いざみやこへ
開こう室町
幕府
1549
いごよく
広まる
キリスト教

歴史の順序を覚えよう

1 関ヶ原の戦い
↓
2 徳川家康が征夷大将軍になる
↓
3 大坂の陣

地理のポイント

地理は、グラフ問題が出題されやすい。そこで、よく出題されるグラフを覚えておこう。例えば、降水量と気温、輸入品や輸出品、人口ピラミッドなど。

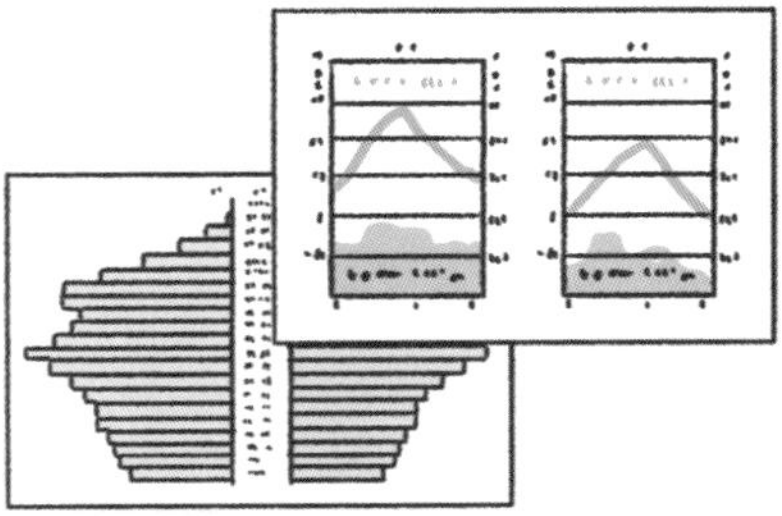

公民のポイント

公民は、時事ニュースを覚えておこう。2000 年代になってから起きたできごとの、次の項目は、要チェック。

首相の名前
○○新総理が誕生

新国家誕生
○○が○○から独立

世界情勢
○○で内戦が勃発

首脳会談やサミット
G 20 ○○サミットが開催

7 合格率97%「理科」の3ステップ受験勉強法

step 1 覚えるだけ問題をマスター

理科も社会と同じで、3カ月あれば70点以上とることができる。

受験まで時間がないのに当日点を上げないといけないなら、優先的に勉強しよう。

やり方も簡単。

受験対策ワークを繰り返し解くだけだ。ただ理科の場合、

・覚えるだけの問題（動物や植物のつくりなど）
・解き方をマスターする問題（濃度や圧力など）

に分かれる。

最初は、覚えるだけの問題から進めていこう。そのほうが早く成績が上がるよ。

step 2 解き方を覚える問題をマスター

次に、解き方を覚える問題にとりかかろう。

ここは、数字をまる暗記するだけではダメ。なぜ、この計算方法になるのかまで理解しよう。

解説を読んでもわからないところは、悩むことに時間をかけず、先生やお父さん、お母さんに聞こう。

step 3 ハイレベル問題集を解く

偏差値50以上の高校を目指すなら、少し難しい問題にも挑戦しよう。私立高校は、問題のレベルが高いからね。そこで、入試問題がまとまっている問題集に挑戦しよう。書店に行くと売っているよ。

理科の入試問題は、ぱっと見、難しそうなものが多い。でも、実は答えを見ると「なんだ。こんなことか」と思う問題がほとんど。

あまり悩みすぎず、答えを見て理解するくらいのほうがスムーズに進むよ。

最後に、過去問を3年分解いて、入試問題特有の雰囲気に慣れることも忘れないでね。

理科の分野別勉強法＋ワンポイント

生物分野

動物や植物のつくり・働き・分類、生殖、遺伝、環境、細胞分裂など。

メンデルの法則は理解が必要。それ以外は、まる暗記すればたいてい解ける。

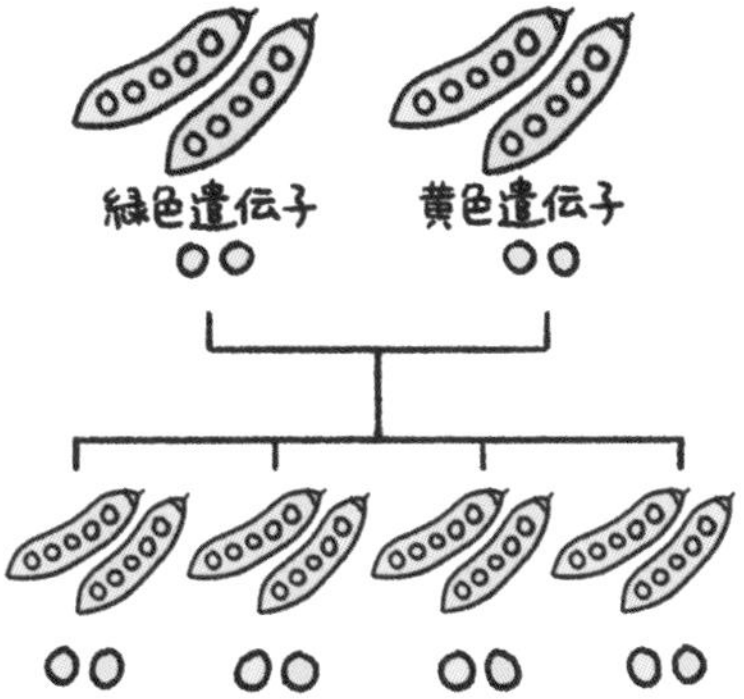

化学分野

化学変化、原子、分子、物質の性質、水溶液、イオン、酸とアルカリ、溶解度、気体など。

化学式や溶解度の公式など、問題を解くための基本を覚えよう。

例えば

○炭酸水素ナトリウム

$2NaHCO_3 \longrightarrow Na_2CO_3+CO_2+H_2O$

○酸化銀の分解

$2Ag_2O \longrightarrow 4Ag+O_2$

そのあとで、練習問題をたくさん解いてパターンを理解しよう。

物理分野

電流、磁界、力、光、音、仕事、エネルギー、運動など。

数学と同じで、練習問題を繰り返し解いてパターンを覚えよう。

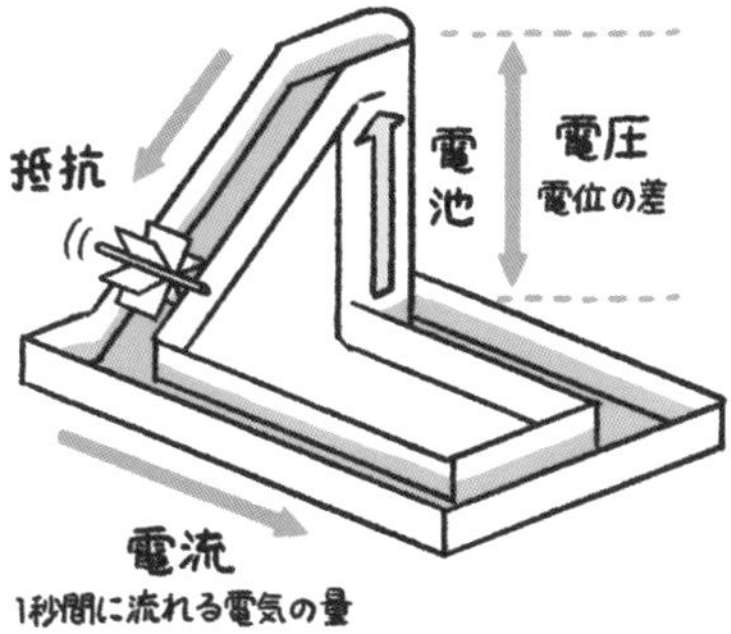

電流は川をイメージしよう。
電流は水の流れ、電圧は川の傾斜、抵抗は石。
川の傾斜が大きい（電圧が大きい）と、水の流れは速くなる（電流も大きくなる）。
石がたくさんある（抵抗が大きい）と、水の流れは緩やかになる（電流も小さくなる）。

地学分野

天気、太陽系、地層、火山、地震、水蒸気など。

社会の地理と同じで、グラフから読み解く問題が多い。解説を読んでも理解できないときは、悩むより、わかる人に質問しよう。

成績が上がる学習塾の選び方

この本は、塾に通わなくても自宅でできる勉強法を紹介してきた。ただ、塾に入ったらダメというわけではない。実際にボクがサポートしている人たちも、50%くらいは塾に通っているよ。

ただ、**塾選びを間違えると成績は上がらない**から注意。そこで、塾に入るなら次の3つをチェックしよう。

① 気持ち「行きたいと思うか」

塾に通うなら、必ず体験をしてからにしよう。1週間くらい通ってみて「楽しい。これなら続けられそう」だと思ったら完ぺき。その塾に通えば、成績は上がるよ。

一方、どれだけ実績がある塾でも「楽しくない。続けられそうにない」と思ったら行かないほうがいい。少しずつ休みがちになるから、成績も上がらないと思う。まずはキミの心に、相談してみよう。

② レベル「勉強についていけるか」

次に大事なのがレベル。今キミの成績は、オール2だとする。ここでオール5を目指す人向けの授業を受けても、成績は上がらない。難しすぎて、ついていけないからね。

でもオール3を目指す人向けの授業なら、楽しく受けられるはず。これなら、成績は上がりやすい。

このように、授業のレベルとキミのレベルが合っているかチェックしよう。どうしてもレベルの合う塾がないなら、個別指導塾を探そう。キミのレベルに、合わせてくれるよ。

③ 距離「家から近いか」

どれだけいい塾でも、家から遠いとつらい。できるだけ15分以内に通えるところか、学校の帰りに寄れる塾にしよう。

part 4

おうち学習をもっと極めるコツのコツ

1 「∞《無限》学習ルーム」を用意しよう

集中力は勉強する環境で決まる

もし、今と勉強時間は同じなのにテストの点が１００点以上アップしたらどう思う？　もちろん、嬉しいよね。

このＰａｒｔで解説することを意識すれば、それも夢じゃない。ぜひ試してみてね。

最初に意識してほしいのが、勉強場所。リビング、自分の部屋、塾、図書館……。

この勉強場所で集中できているか、チェックしよう。

机の上を片づけよう

机の上に、勉強に使わないものはないかな？　数学の勉強をしているのに、理科のノートが出ているとか。

その場合、今すぐ引き出しの中に片づけよう。使わないものがあると気が散って、集中力が下がるから。

机の上は、勉強に使う教科書やワークと筆記用具だけにすることが大切。**スマホもカバンの中にしまおう。**

あと、机の前にマンガが積まれてない？　これも気が散る原因になる。もしあるなら、今すぐ目に入らないところに移動しよう。

静かな部屋で勉強しよう

勉強中、テレビの音が聞こえてないかな？　もし聞こえているなら家族に「ヘッドホンで聞いてくれると嬉しい」と言おう。

ちょっとした雑音も、集中力を下げる原因になるから協力してもらおう。

妹や弟がまだ幼くて、みんなでテレビを見たりゲームをしたりしている場合は、キミが耳栓をするといい。

家は家族が過ごす場所だから、お互いに思いやりをもとう。

この2つができている部屋のことを、ボクは「∞学習ルーム」と呼んでいる。この部屋で勉強するかどうかで、勉強効率は3倍変わるよ。

スッキリ
壁向きか、窓向きに机を置くのがベスト
机の上に、こんなものが出ていないかチェック

- ✕ 今勉強していない教科のワークや参考書
- ✕ ゲーム機
- ✕ マンガ
- ✕ スマホやタブレット
- ✕ 菓子やジュースのゴミ
- ✕ 給食献立表などの重要なプリント

2 「暗記スピード向上7つ道具」を用意しよう

買うだけで成績が上がる

次に、勉強効率を上げる道具を用意しよう。7つあるんだけど、これを使うかどうかで覚えられるスピードが変わるよ。

1つでも持っていなかったら、今すぐ用意してね。

①暗記ペン

文房具店や書店の文房具コーナーに行くと、暗記ペンが売っているはず。濃い緑色のマーカーだよ。これを用意しよう。

教科書の重要語句を覚えたりするときは、そこに暗記ペンを引く。その上に、このあと紹介する赤シートを載せると文字が消える。

すると、文字を隠しながら覚えられるので、勉強効率が上がるよ。

②オレンジペン

次はオレンジペン。これも、文房具コーナーに売っている。

例えば、社会のワークを覚えたいと思ったら、オレンジペンで直接答えを書き込もう。そこに、赤シートを載せると、答えが消えるよ。

答えを黒のシャープペンシルで書く人もいるけど、これだと繰り返し解くのが大変になる。オレンジペンなら暗記ペンと同じで、赤シートで隠せば何度でも復習ができる。語句をスムーズに覚えられるようになるから、試してみてね。

ただし先生によっては、いきなりオレンジペンで答えを書くとノート点を減点することがある。点数が下げられないかを事前に聞いておこう。

③赤シート

暗記ペンとオレンジペンを活用するために、赤シートを用意しよう。最近は暗記ペンとセットになったものも売っているから、それでもOK。大きさは、普段使うワークや参考書に合わせるのがおすすめ。

A4サイズのワークを使っているなら、赤シートも同じサイズにしよう。そのほうが、勉強しやすいよ。

〔 暗記スピード向上7つ道具 〕

❶ 暗記ペン

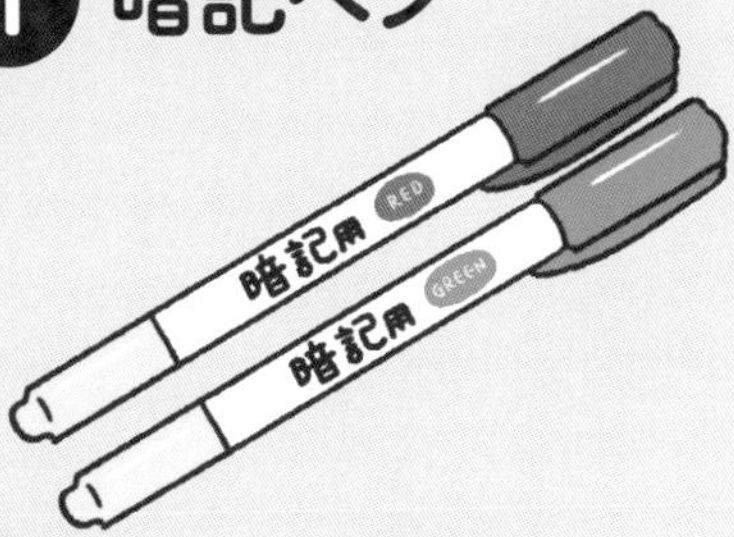

❷ オレンジペン

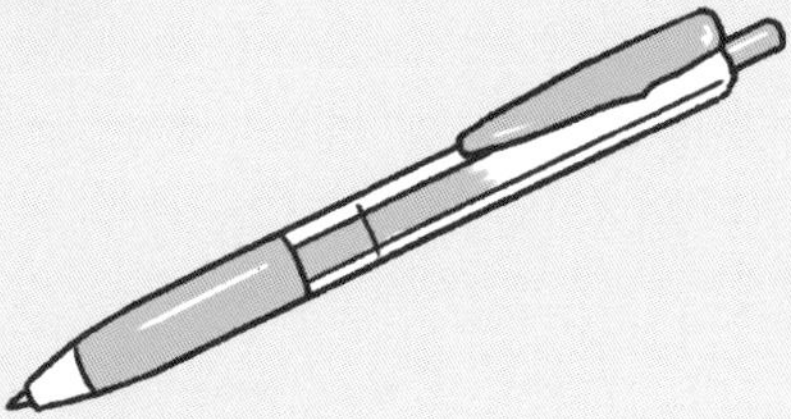

❸ 赤シート

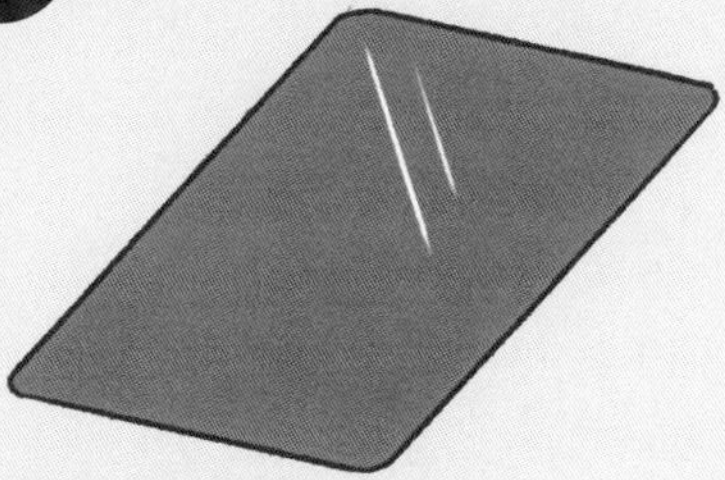

❹ 単語カード

❺ まとめノート

❻ 耳栓

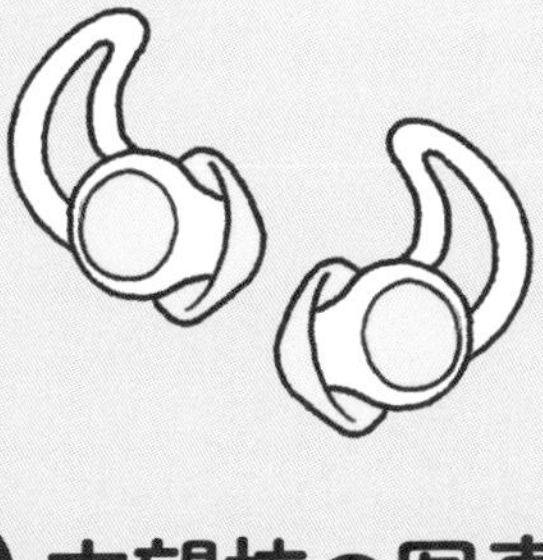

❼ 志望校の写真

④単語カード

漢字や英単語を覚えるときは、単語カードを使おう。100円ショップに売っているものでいいよ。

漢字の場合、表に漢字、裏に読み仮名を書く。そして、毎日コツコツ覚えていこう。

単語カードを使うと、答えがわかったものは外すことができる。すると、わからないものだけ集中的に覚えられるよ。

また、一とおり覚えたら、順番をシャッフルして再チェックしよう。

ワークを使って覚える場合、知らないうちに語句の順番で覚えていることがある。

単語カードを使うと、いろいろな順序で覚えられるから、深い知識になるよ。

⑤まとめノート

模擬試験や学校のテストでわからなかった問題は、まとめノートに問題と解き方を書いていこう。

これを受験直前まで続けていくと、キミの「ニガテ問題リスト」が完成するよ。

そして、受験の1カ月くらい前になったら、すべてやり直そう。

模試やテストに出された問題は入試にも出やすいから、当日点がアップするよ。

⑥耳栓

雑音がうるさいところで勉強するなら、耳栓を使おう。最近は、ノイズキャンセリング機能がついた電子耳栓などが売っている。

こういったものを使うと、ほぼ無音状態で勉強できて、すごく集中できる。

ちなみにボクはＡｉｒ Ｐｏｄｓ Ｐｒｏを使っている。音楽を聴いたり、友達と電話したりするときにも使えるから、おすすめだよ。

⑦志望校の写真

3年生になって志望校が決まったら、ホームページなどで高校の写真を見つけて印刷しよう。それを机の前に貼っておくんだ。

そして、勉強に疲れたらこの写真を見よう。楽しい高校生活がイメージできると、やる気が出るよ。

ここまでに紹介した道具のことを、ボクは「暗記スピード向上7つ道具」と呼んでいる。

使うだけで、勉強効率がアップするから試してみてね。

まとめノートのつくり方

1 ルーズリーフと整理用のバインダーを用意

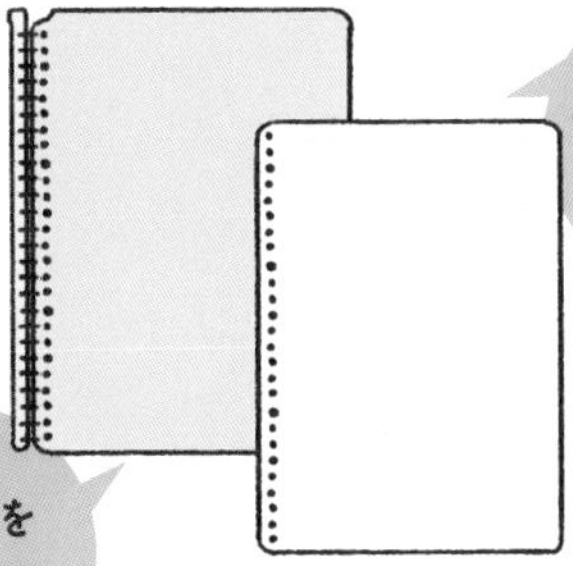

ルーズリーフは教科ごと

全教科を一まとめに

ノートより増減が自由にできるのでルーズリーフを使用する。

2 テストや模試で間違えた問題と答えを書く

答えはオレンジペンで

I have to go home.
I must go home.
she has to do
her homeworks.

コピーや模試のキリヌキを貼ってもOK

テストや模試で間違えた問題以外にも、各科目の暗記もので覚えていないところをまとめよう。

3 受験の1カ月前にすべて復習

ババババッ

科目ごとにまとめておいて復習に使おう。最速で弱点克服ができるよ。

最強の復習ノート

テスト以外でまとめノートに入れるもの

英語	覚えていない英単語、英熟語、文法（例文を一緒に書く）
数学	覚えていない公式
国語	覚えていない漢字や古語
社会	覚えていない語句、年代、グラフ
理科	覚えていない語句や公式

3 脳にプレッシャーを与えて、集中力をアップ

タイマー学習法をしよう

勉強効率を上げるとき、もう1つ使ってほしい道具がある。「キッチンタイマー」だ。

例えば、こんなことってないかな？　勉強しようと思って机の前にすわったのに、なぜかやる気が出ない。しかたなくスマホをさわっていたら、1時間たってしまった。

ボクは中学生のとき、週に1度はこんな状態だったよ。そんなときは、キッチンタイマーを10分にセットして、机の前に置こう。そして、自分にこう言い聞かせるんだ。

「今から10分だけ頑張ろう。タイマーが鳴ったら、スマホをさわっていいから」

実際にやってみるとわかるけど、タイマーのカウントダウンが始まると、「やばい、早くやらないと」という気持ちが出てくる。いざ始めてみると、10分以上勉強できたりするんだ。

ボクはこの方法を「タイマー学習法」と呼んでいる。机の前にすわったのになかなか勉強できないときに、おすすめだよ。

ちなみに、スマホのタイマーを使うのはおすすめしない。スマホをさわるきっかけになってしまい、勉強の手が止まってしまうことがあるから。

制限時間を決めると効率アップ

できれば、普段の勉強もタイマーを使おう。人間は制限時間を決められたほうが、集中できるから。これをタイムプレッシャーという。

「今日は1日暇だからたくさん勉強できる」と思うと、ついゲームしちゃうよね。

でも、1時間後から友達と遊ぶ予定があると「それまでに宿題を終わらせよう」と思って、頑張れるんじゃないかな。

音が出ないタイマーなら、図書館でも使えるから試してみてね。

同じ勉強時間でも、できる量は2倍以上違う！

1日は24時間しかない！　勉強できる時間には限りがあるから、
集中力を上げることが大切。

4 おうち学習の勉強効率が上がる応用テクニック

勉強の基本は「同じワークを繰り返す」こと！

1冊を完ぺきにマスターするまでは、
ほかのワークには手を出さないのがポイント。

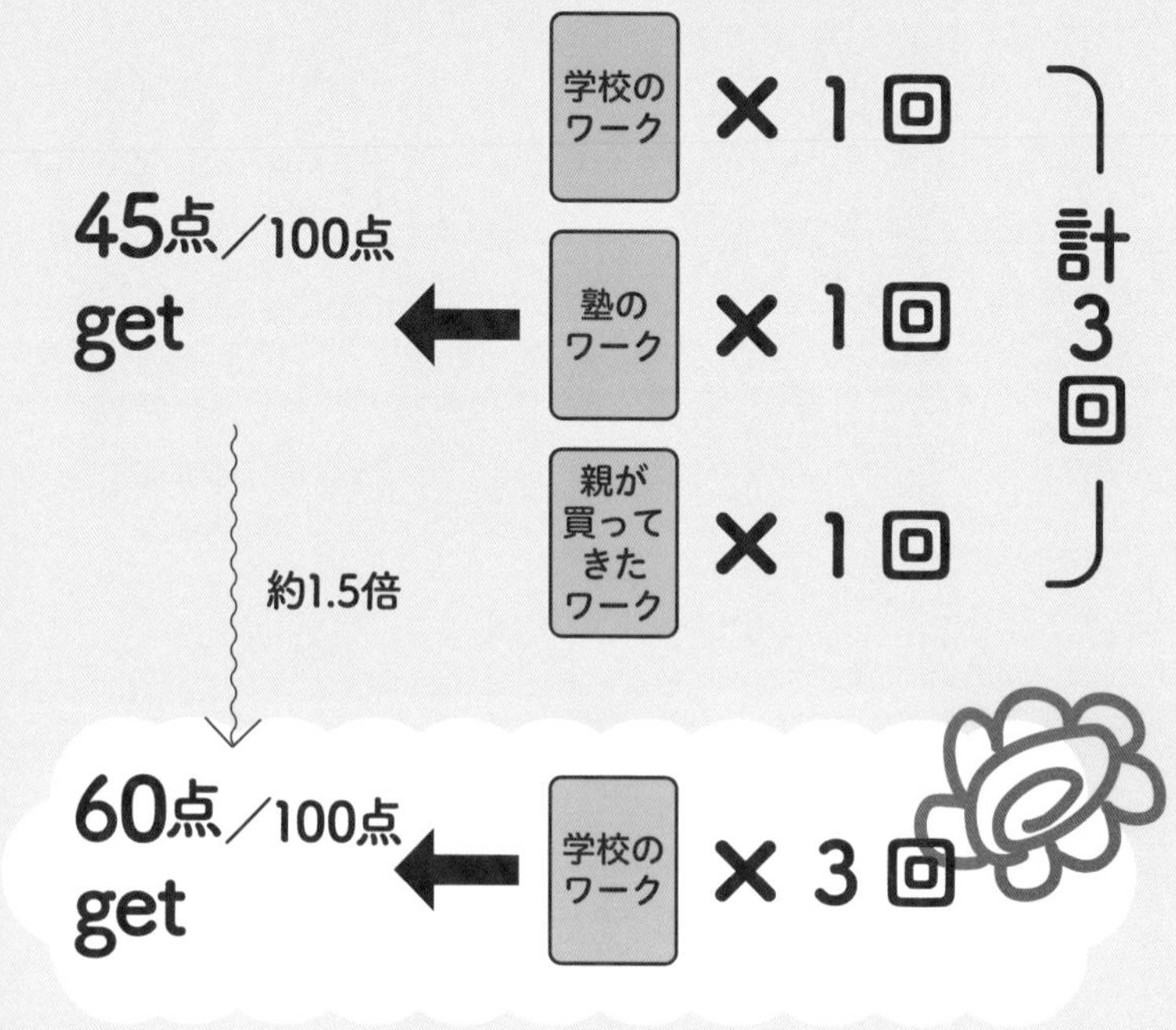

楽して成績を上げたいキミへ

ここまで読んで、こう思ってないかな？

「もっともっと楽して、成績を上げたい！」

その気持ち、すばらしい（笑）。

そんなキミのために、ここからは、普は段勉強会参加者だけに教えている応用テクニックを紹介するよ。

オール5をとっている人たちもやっている方法だから、すぐに効果が出るはず。

① ゴミ箱理論

キミの家に、理科のワークは何冊あるかな？ もし3冊以上あるなら、1冊は本棚に片づけよう（入れる場所がなければ、捨ててもOK）。

というのも、**頑張って勉強してい**

ゴミ箱理論

たくさんある問題集を1冊か2冊に絞って勉強すること

キミに決めた！
ゴミ
ボクは中学生の頃、通信教育の教材をすべてゴミ箱に捨てたからこの名前がついたんだよ

るのに成績が伸びない人は、いろいろなワークに手を出していることが多い。

・学校から配布されたもの
・塾から配布されたもの
・親が買ってきたもの

　これらを、1回ずつ解いていたりするんだ。この場合、1つのワークに絞って3回解いたほうが、成績は上がる。人は、同じことを繰り返し勉強するほうが、覚えられるから。

　このように、たくさんある問題集を1冊か2冊に絞って勉強することを、ボクは「ゴミ箱理論」と呼んでいる。

　実際に、ボクは中学生の頃、通信教育の教材をすべてゴミ箱に捨てたから、この名前がついた（笑）。

　同じ勉強時間でも、取り組むワークを絞るだけで成績が上がる魔法のテクニックだよ。

書かない学習

声に出して覚える

短時間でたくさん繰り返すことができる！

声に出して言えるようになったら、１度だけノートに書いてみよう。できない場合は、漢字が書けないケースがほとんど。そのときは、漢字だけ２、３回書いて覚えよう。

書いて覚える

手が疲れる、書くのに時間がかかる

記憶のメカニズム 人は問題を見て答えを思い出すという過程で記憶している

② 書かない学習

例えば社会の語句を覚えようと思ったとき、どのように勉強しているかな？　もしかしたら「徳川家康、徳川家康、徳川家康……」などとたくさん書いていないだろうか。

もしこのやり方をしているなら、今すぐやめよう。書く前に、声に出して覚えたほうが、勉強効率は上がるから。

というのも、人は書くことで覚えるわけではない。問題を見て、答えを思い出すという過程で記憶しているからだ。

わざわざ書かなくても、声に出してテストをしていけば覚えられるよ。

③ 教科チェンジ

数学の勉強を45分して疲れてきた

教科チェンジ

ら、どうしているかな？「少し休憩して、もう1度数学を頑張る！」と思ったら要注意。効率が悪くなっている可能性があるよ。

ボクもそうなんだけど、同じ教科を長時間勉強するのって疲れないかな？　だんだん、やる気もなくなってくると思う。そんなときは「教科チェンジ」をしよう。

数学の勉強に疲れてきたら、国語や英語にかえるんだ。すると、気分がかわってやる気も出るよ。

このとき、理系科目（数学・理科）と文系科目（国語・社会・英語）を交互に勉強するといい。

問題の雰囲気をがらっとかえたほうが、頭もリフレッシュするからね。

一度、この3つのテクニックを試してみて。同じ勉強時間でも、成績が上がるようになるから。

5 「ストレッチ休憩」で上手に休もう

体を動かすのがおすすめ

効率よく勉強を進めたいと思ったら、上手に休むことが大切と書いたよね。では、キミはどのように休んでいるかな？　スマホやゲームをしている感じ？

これはこれでいいんだけど、効率を上げることだけを考えるなら、「体を動かす休み方」をしよう。

人はずっとすわって勉強していると、血流が悪くなる。すると眠くなって、集中できなくなるからね。

そんなときは、**5分だけでも体を動かそう**。血流がよくなって、休憩後の集中力が上がるよ。

そこでおすすめなのが、散歩。好きな音楽を聴きながら、外を歩いてみよう。新鮮な空気も吸えるから、気分がリフレッシュするよ。

また、ストレッチ休憩をするのもおすすめ。散歩と同じで好きな音楽を聴きながら全身を伸ばせば、血流がよくなるよ。窓をあければ、新鮮な空気を吸えるからさらに効果的。

トランポリンを使おう

最近は、新型ウイルスや大型台風の影響で、外に出られないこともある。その場合、家の中で体を動かそう。トランポリン、太鼓の達人、腹筋ローラーなどを使うといい。

普段スマホを見ながら休憩しているなら、トランポリンでピョンピョンしながらさわるようにしよう。すると、散歩と同じくらい血流がよくなるよ。マンションに住んでいるなら、太鼓の達人のような体を動かす系のゲームもいい。**遊びながらリフレッシュできるからね。**

体を鍛えたいなら、腹筋ローラーで筋トレするのもおすすめ。**体を動かしながら休んだほうが、その後の集中力は上がるよ。**

窓をあけて深呼吸

部屋にいながら新鮮な空気を吸える。心も落ち着く。

おうち休憩3種の神器

体を動かすゲーム

腹筋ローラー

トランポリン

こんな休み方もおすすめ！

腕立て伏せやスクワット

腹筋ローラーがなくても、筋肉を鍛えることができる。部活の能力もアップ。

入浴

お風呂に入ることで、血流がよくなる。頭から水をかければ、脳もリフレッシュ。

6 キミに合った「ベスト学習スポット」を見つけよう

やる気が出る場所はどこ？

この本は、自宅でも成績が上がる勉強法について解説してきた。ただ、こう思っていないかな？

「家だとどうしても、勉強に集中できない……」

その気持ちわかるよ。実はボクも学生時代、家で勉強するのがニガテだった。そのときは、次の場所で勉強していたよ。

図書館

いちばん使ったのが、図書館。タダで使えるからね。テスト前の土日は、オープンと同時に場所をとって、

1 人によって、集中できる場所は違う

自宅派

デメリット

ゲームやマンガなど誘惑が多い

メリット

移動時間が必要ない、着替える必要もない

夕方まで勉強していたよ。

カフェ

近くに図書館がないなら、カフェを使おう。耳栓をしないといけないけど、けっこうはかどるよ。

ただ、勉強を禁止しているところもあるから、お店の人に確認しよう。

塾の自習室

塾に通っているなら、自習室もおすすめ。

このように、家だと集中できないなら、勉強する場所をかえよう。午前中は家で勉強して、午後からは図書館に行くという方法もアリだよ。

場所を変えると気分転換にもなるから、集中力も続くよ。

2 外でやる派

図書館で勉強

図書館に行くメリットは、友達と一緒に勉強できること。お昼ご飯を一緒に食べる約束をすると、それを楽しみに勉強できるよ。

カフェで勉強

ボクの教え子にも、カフェで勉強してオール4以上の成績だった人がいたよ。

塾の自習室で勉強

わからない問題があったら、すぐに先生に質問できる。

メリット

周りの子が勉強している姿を見ると、やる気が出る

デメリット

場所によってはうるさい、移動に時間がかかる

7 親に「がれき学習」を手伝ってもらおう

面倒な作業はどうするか？

普段勉強していて、こんなことを思ったことはないかな？

「この作業、面倒くさい……」

単語カードをつくるとか、ワークの丸つけをするとかって正直やりたくないよね。しかも、その過程で語句を覚えられるわけでもない。

ボクは、こういった成績アップにつながらない作業を「がれき学習」と呼んでいる。この時間が長いと、勉強した気になるだけで成績が上がらないから、気をつけよう。

では、どうすればがれき学習をなくせるのか。答えは、家族に手伝ってもらうこと。「お母さん、単語カードつくってくれない？」と頼めばいいわけだ。

プロスポーツ選手も、
チームで活動している！
監督やコーチ
技術指導や練習
メニューの作成
家族
食事の準備やユニ
ホームの洗濯など
をサポート
選手
試合で結果を出す
ために、日々練習

キミの親が考えていること

「うちの親は忙しいから、手伝ってくれません」

と思うかもしれない。でも考えてみて。キミの親がいちばん望んでいることは、キミの成績が上がることだよ。だから、こう伝えればいいんだ。

「次のテストの点数を上げたい。ただ、単語カードをつくる時間がないから手伝ってくれない？　お母さんも、私が400点とったら嬉しいでしょ？」

こんなこと言われたら、親なら誰でも協力しちゃうよ（笑）。

また、ボクは「勉強は親子でするもの」だと思っている。実際に、ボクがサポートして成績が上がった人の多くは、親が手伝っているよ。

キミも遠慮はいらない。成績が上がって志望校に合格できればみんながハッピーになるんだから、協力をお願いしよう。

ただし、勉強をするのはキミ自身。親はあくまでもサポート係だから、勉強のやり方や場所などはキミが決めようね。

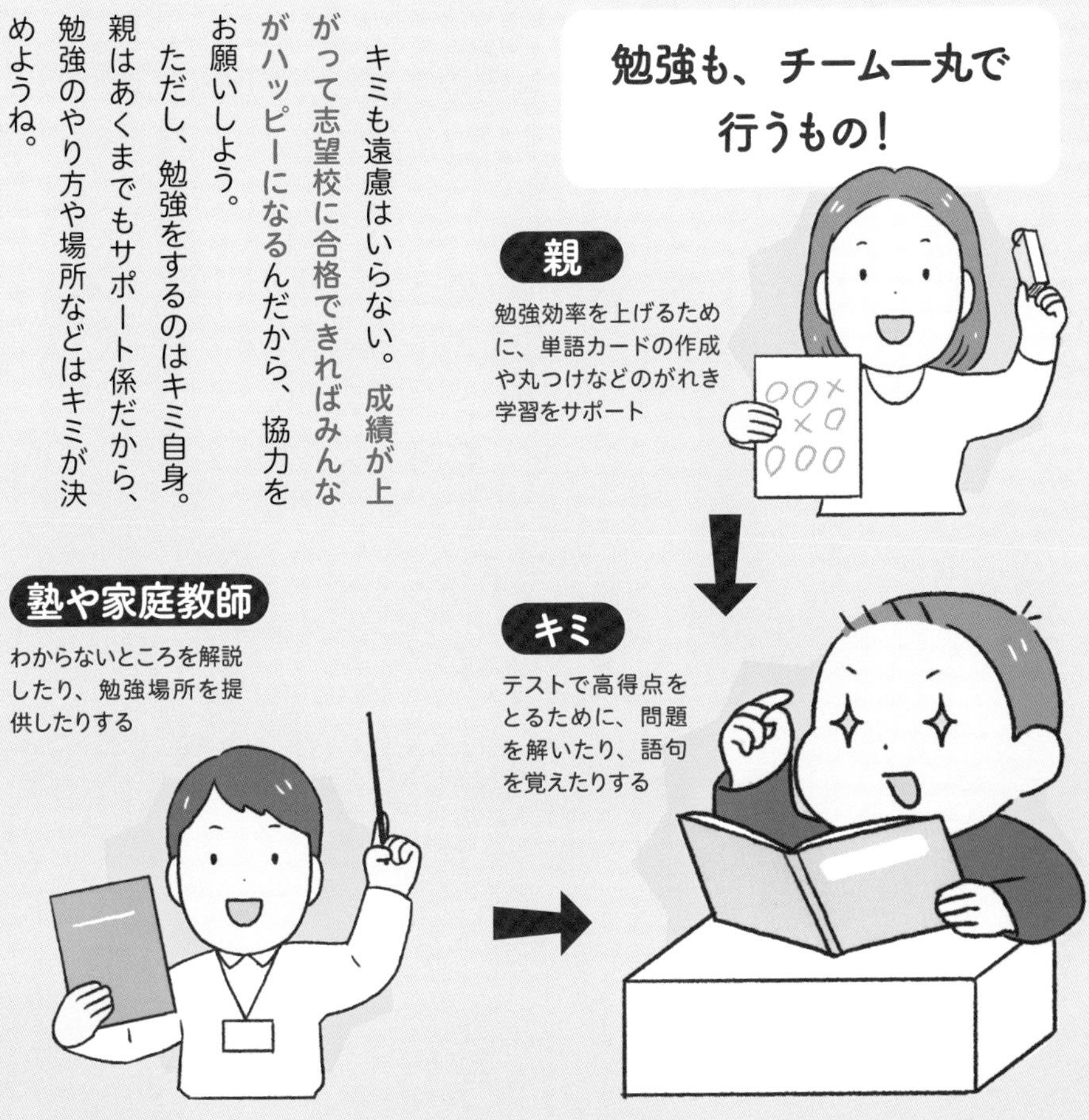
勉強も、チーム一丸で行うもの！
親
勉強効率を上げるために、単語カードの作成や丸つけなどのがれき学習をサポート
キミ
テストで高得点をとるために、問題を解いたり、語句を覚えたりする
塾や家庭教師
わからないところを解説したり、勉強場所を提供したりする

8 成績が伸び悩んだときは次の3つをチェック

成績は3つの要素で決まる

ここまで読んでくれてありがとう。この本の流れで勉強を進めていけば、絶対に成績は上がるよ。

ただ、最初からうまくいくわけではない。もしかしたら、頑張って勉強したのに成績が上がらないということもある。

この場合、次の3つのポイントをチェックしよう。

❶ やる気は出ていますか？

最初は、やる気。part1で紹介した「ごほうび作戦」はうまくできたかな？　やる気が出ない状態ではどれだけ頑張っても、成績は伸びない。ごほうびと目標を決めたのにやる気が出ないなら、

・ごほうびは本当に欲しいものか？

・目標は高すぎないか？

をチェックしよう。この2つがズレると、やる気は出ないよ。

❷ 勉強時間は増えていますか？

どれだけやる気が出ても、勉強時間が短いと成績は上がらない。例えば、前回のテストは7日前から1日3時間くらい勉強したとする。今回さらに成績を上げたいなら、

・10日前から始める

・1日4時間にする

というように、少しでも勉強時間が増えるように計画を立てよう。

❸ 勉強方法は合っていますか？

この本では、効率のいい「おうち学習法」を紹介した。この方法は、ボクがこれまでたくさんの人に伝えてきて、結果が出たやり方だ。同じ

ようにやれば、キミの成績も必ず上がるよ。

そこで、最初のうちはこの本のとおりに進めてほしい。テストの結果が悪かったら、part2・3に戻って勉強方法が合っていたかチェックしよう。

自分ではわからなければ、お父さんやお母さんに見てもらうのもおすすめ。

また、自分では必要ないと思って飛ばしている勉強があるかもしれない。特に下記の「よくやってしまいがちな5つのミス」はその代表例。

ボクも中学1年生の頃、音読が嫌いでやらなかったよ。その結果、国語の成績が悪かった（笑）。

多少面倒な勉強もあるけど、すべてはキミの未来をつくるため。嫌がらず、少しずつ進めていこう。

よくやってしまいがちな5つのミス

1 教科書の音読をしていない

→ p.64をチェック

2 漢字を覚えるとき、ひたすらノートに書いている

→ p.114をチェック

3 学校のワークをマスターする前に、塾のワークをやっている

→ p.112をチェック

4 勉強計画を立てていない

→ p.78〜85をチェック

5 数学や理科で、わからない問題を悩み続けている

→ p.69をチェック

9 キミだけの最強勉強法をつくろう

そのまま→アレンジ→完成

この本では、勉強の基本の「型」を紹介した。そのままやってくれれば、確実に成績は上がると約束する。ただ、このやり方が100％正解ではない。人によって、

・勉強方法の好き嫌い
・テストの出題傾向
・勉強できる時間

が違うからね。そこで、最後はキミだけの「最強学習法」をつくっていこう。

このとき意識してほしいのが、「守破離の原則」。空手などの武道の世界の言葉だよ。

守(る)：言われたとおりする
破(る)：違ったやり方を試してみる
離(れる)：自分ならではのやり方が完成する

まずはこの本のやり方をそのままやってみる。そのあと、自己流にアレンジしてみる。すると、キミだけのオリジナル勉強法が完成するよ。

うまくいかなかったら？

いざアレンジしてみると、うまくいくものとそうでないものが出てくる。うまくいったものは、そのまま継続しよう。さらに効率よく勉強を進められるよ。

一方、うまくいかなかった場合はすぐに元に戻そう。効率の悪いやり方を続けていても、成績は上がらないからね。このあたりは、やりながら常にチェックしていこう。

最強学習法が完成したら？

もし、この本で紹介した方法よりも効率的な勉強法が見つかったら、LINEかYouTubeのコメント欄から連絡してほしい。

キミの学習方法を、ほかの人たちにも紹介するよ。

この本を読んだ人みんなで協力すれば、世界一効率のいい勉強法ができるはず。キミにも、協力してほしい。

勉強方法をアレンジする流れ

1 まずは、この本のやり方をマスターする

守

国語なら、漢字やワークの暗記などに加え、教科書の音読を20回する。そして、テストを受ける。

2 アレンジしてみる

破

音読をやめて、あいた時間で長文読解の練習を増やす勉強法に変えてみる。

3 最強学習法の完成

離

点数がアップしたら、キミが通っている学校のテストは、実力問題がたくさん出るということ。今後もこの方法で勉強したほうが、効率的だ。

注意：最初からアレンジして勉強するのはダメ。ただ自己流で進めているだけだから、成績は上がらない。アレンジするときは、必ず基本となるやり方をマスターしてからにしよう。

成績が上がる学習ポイントチェック表

	学習ポイント	できている場合は○	やることリスト	期日
やる気編				
1	卒業後どうしたいか決まっている			/
2	心と体が万全な状態			/
3	「ごほうび作戦」を行った			/
4	「自分ごほうび」を決めた			/
日常の勉強編				
5	宿題は期日までに提出している			/
6	1日15分の「時短予習」をしている			/
7	1日30分の「時短復習」をしている			/
定期テスト編				
8	「レベル別学習スケジュール」をつくった			/
9	英語のレベル別学習法を行っている			/
10	数学のレベル別学習法を行っている			/
11	国語のレベル別学習法を行っている			/
12	社会のレベル別学習法を行っている			/
13	理科のレベル別学習法を行っている			/
勉強効率編				
14	「∞学習ルーム」がある			/
15	「オール5筆箱」を準備した			/
16	「暗記スピード向上7つ道具」を準備した			/
17	まとめノートをつくった			/

【チェック表の使い方】

完全にできている場合は「○」。やり始めている場合は「△」。まだできていない場合は「×」をつけよう。そして○は1点、△は0.5点で計算し、合計点を記入しよう。20点以上とれれば、成績が上がるのは秒読みだよ。

【やることリストと期日の使い方】

まだできていない場合、やることリストを記入しよう。例えば、∞学習ルームをつくっていないなら「机の上を片づける」と書くわけだ。また、人間は期日がないと行動できない。そこで、いつまでに行うのかも書き込もう。1つひとつクリアしていけば、成績は必ず上がるよ。

18	「タイマー学習法」で勉強している				/
19	使わない問題集を片づけた（ゴミ箱理論）				/
20	「五感学習法」で勉強している				/
21	散歩休憩や「ストレッチ休憩」をしている				/
22	「ベスト学習スポット」が決まっている				/
23	「がれき学習サポート」を親に頼んだ				/
24	質問できる人（先生や友達）がいる				/
25	自分だけの「最強学習法」が完成した				/

合計点を記入しよう⇒

20点以上　成績が上がるのは秒読み！　よく頑張ったね

15点以上　いい感じ！　来週までにあと3つ実践しよう

10点以上　少しずつ進んでいるね！　今できることを1つやってみよう

9点未満　お父さんやお母さんに協力してもらって一緒に進めていこう

受験に合格できるポイントチェック表

まずは7問クリアを目指そう。
すべてクリアできれば、合格率97%達成！

1	「アクティブ進路」が決まっている				/
2	「高配点チェック」を行った				/
3	「ラスボス分析」をした				/
4	「逆算思考」で受験までの勉強計画を立てた				/
5	「バツグン問題集」を用意した				/
6	英語の3ステップ受験勉強法を実践している				/
7	数学の3ステップ受験勉強法を実践している				/
8	国語の3ステップ受験勉強法を実践している				/
9	社会の3ステップ受験勉強法を実践している				/
10	理科の3ステップ受験勉強法を実践している				/

読解力が必要な時代到来

これから定期テストが変わる

平成 29・30 年に学習指導要領が改訂された。その中で「言語能力の確実な育成」という改善事項が発表された。簡単に言うと、これから言語力を鍛えていこうという話。

その関係で、定期テストも変わりつつあるんだ。例えば、今までは、「地震の規模を示す記号Mの読み方を答えなさい」というような、一問一答形式の問題が多く出題されていた。これからもこういった問題は出るけど、割合が減る。

そのかわり、**文章の意図を読み解いて答える問題が増えてくる。**高校受験で出題されるような問題というと、イメージがわくかな？こういった問いに答えるには、読解力をつけないといけない。

最速で読解力をつける方法

では、どうしたら読解力をつけることができるのか。いちばん簡単な方法は、読書。本を読めば、自然と読解力がつくからね。ただ、本が嫌いな人もいる。キミがそうなら、次の２つを意識しよう。

①好きなジャンルの本を買って読む

本が嫌いなのに、夏目漱石の『坊っちゃん』を読むのはキツイと思う。でも、マンガの『ONE PIECE』の小説版や大好きなスポーツ選手の自伝ならどうだろう。少しだけ読めそうじゃない？　このように、キミが好きなジャンルの本を買って読むことから始めよう。

②最初はマンガで練習する

それすら難しければ、最初はマンガからスタートしてもいい。マンガの『ONE PIECE』を読めるようになったら、小説版に挑戦すればいいからね。これだと、読書が嫌いでもできるはず。まずは１日 15 分だけ、本に向き合ってみよう。

epilogue

勉強以上に大切な5つのたからもの

1 たからもの❶「友達」

勉強だけの人生を送るな

この本の最後に、キミにいちばん伝えたいことを書くね。それは、勉強だけの人生を送るなってこと。

今の日本は、テストの成績で内申点が決まる。

だから「勉強がいちばん重要」と思ってしまうかもしれない。ただ、勉強以上に大切なものって、たくさんある。その1つが「友達」だ。

中学からの仲だからなんでも話せる

特に中学までの友達って、本当に大切。小学校も同じことも多いから、その場合、9年くらい一緒に過ごす。すると、いろいろな思い出ができるよね。

友達の家に泊まりに行って夜遅くまで話をしたり、部活の試合に勝ってみんなで喜び合ったり……。

また、ケンカをしたり、部活についての考え方が合わずに意見をぶつけ合ったりすることもある。いい思い出も悪い思い出も、できるわけだ。

こういった経験を一緒にできるのって、中学までの友達しかいない。

高校生くらいになると、ケンカとかしなくなるからね。

ボクは今でも中学時代の友達とたまに会うんだけど、いまだに楽しく話ができるよ。

最近は「勉強なんて、家でＹｏｕＴｕｂｅを見ながらできる」って意見もある。もちろん、勉強だけなら1人でできるかもしれない。でも、一生つき合っていける友達はできないよ。

ボクはそんな人生は絶対に嫌だ。

だからキミも、学生時代に信頼できる友達をつくってほしい。

誰でも友達はできる

「そんなこと言われても、友達ができないんです」

そんな悩みをもっていないかな？

大丈夫。友達をつくるのって、そんなに難しくない。誰でも友達ができる3ステップを紹介するね。

①自分の魅力を高めよう

いつもニコニコしていて、話もおもしろくて、困ったときに助けてくれる人がいたら、友達になりたいよね？　つまり、魅力的な人になれば、相手から「友達になりたい」と思われるわけだ。そこで3つのポイントを意識しよう。

まずは表情。できるだけ笑顔でいるように心がけよう。

次に、清潔感。爪が伸びていたり、歯を磨いていなかったり、髪がぼさぼさだったりしたら、魅力は下がる。しっかり整えよう。

最後は、言葉。どれだけニコニコしていても「あいつムカツク」みたいな汚い言葉を使っていたら、嫌われる。人の悪口は、言わないようにしよう。

②挨拶＋質問をしよう

次に、クラスメートに挨拶をしよう。話をするきっかけをつくるためだ。朝会ったら「おはよう」。帰るときに「じゃあね」。

その後、簡単な質問をしよう。「髪切った？」「最近なんのゲームしてる？」。なんでもいい。キミが聞きたいことを聞こう。話すことで、自分と気が合うかどうかがわかるよ。

③遊びに誘ってみよう

話が合う人がいたら、遊びに誘ってみよう。

「今度一緒にゲームしない？」

「部活が終わったあと、公園でサッカーしようよ」

なんでもいい。お互いに好きなことで誘えば、一緒に遊べるよ。

この3ステップを繰り返すと、一緒にいて楽しいと思える友達ができるはずだ。

魅力的な人になろう

言葉づかい
人の悪口は言わないようにしよう。

表情
できるだけ笑顔でいるよう心がけよう。

清潔感
髪、歯、爪などをしっかり整えよう。

2 たからもの❷「恋愛」

生きていくうえで大切なスキル

次に、恋愛。恋愛って聞くと、なんだか恥ずかしくなっちゃうよね（笑）。

また、先生や親によっては「学生時代は恋愛なんてしないほうがいい」という人もいる。

考え方は人によって違うから、ボクの意見が100%正しいとは思わないでほしい。

ただボクは、学生時代にたくさん恋愛をしたほうがいいと思っている。もちろん、体の関係とかはダメだよ（笑）。

だってさ、そもそもキミはどのように生まれてきたと思う？　キミのお父さんとお母さんが、恋をしたから、生まれてきたわけだ。つまり、人間が生きていくうえで避けては通れないのが恋愛。

それなのに、最近の大人は本当に恋愛がニガテ。異性と何を話したらいいか、わからない人もいる。これって、学生時代に恋をしてこなかったからだと思う。

キミには、そんな大人になってほしくない。性別に関係なく、誰とでも仲よくなれる人になってほしい。

だから、学生のうちからたくさん恋をして、成長してほしいんだ。

学生だからこそ恋愛

ちなみに、大人になると恋愛がしづらくなる。というのも、働き出したら職場と家を往復するような毎日になるよね。すると、知り合える人って、仕事で会う人くらいになる。たまたま好きなタイプの人がいればいいんだけど、そんなことは滅多にない。職場によっては、異性が1人もいなかったりもする。

でも学生のときって、共学ならクラスに必ず異性がいるよね。さらに、クラスや学校が変わると、また新しい人と出会えるわけだ。つまり、学生のときほど恋愛がしやすい環境はない。

とはいえ、こう思っていないかな。「気になる人はいるんだけど、どうしたらいいかわかりません」

その気持ちわかるよ。ボクも教師時代は、たくさんの生徒の相談に乗っていたからね。当時は「話す機会を増やそう」とアドバイスしていた。

例えば、
・朝会ったときに挨拶をしてみる
・困っていたら助ける
・LINEを交換して連絡してみる
みたいな感じかな。友達づくりと似ているね。まずは、気になっている人と話すところから始めよう。

失敗を恐れず気持ちを伝えよう

話ができるようになってきたら、自分の気持ちを伝えてみよう。「好きです。つき合ってください」とストレートに言ってもいいし、LINEで「最近、気になってる」と伝えてもいい。

もちろん、相手の気持ちによっては失敗することもある。

でも、それはどれだけモテる人でも同じだよ。

この前テレビで言ってたんだけど、キンプリの平野紫耀さんでさえ、失恋したことがあるらしい。

つまり、**100％成功することはないのが恋愛なんだ**。だから、「失敗して当然。うまくいけばラッキー」くらいの気持ちで、気持ちを伝えてみよう。いつか、キミの魅力に気づいてくれる人が現れるよ。

話す機会を増やそう
おはよう！
朝会ったときに挨拶してみる
困っていることがあるなら助ける
LINEを交換して連絡してみる

3 たからもの❸「部活」

部活には２つのタイプがある

学校生活が楽しくなる

次に大切なのが、部活だ。これも人によって、「部活なんて適当に選んで、あいた時間で遊んだり勉強したりしたほうがいい」と言う人もいる。部活に入らなければその時間で遊べるからね。

ただ、ボクは、「部活は１００％したほうがいい」と思っている。というのも、こんな失敗があるからなんだ。

ボクは高校生の頃、友達と遊ぶために帰宅部だったことがある。その結果、どうなったと思う？

みんなが部活する中、友達と２人で遊びに行く生活って全然楽しくなかった。１週間も耐えられず、すぐにサッカー部に入部したよ。

練習は大変だったけど、そこでたくさんの友達や思い出ができた。今でも、よかったと思っている。

部活は学生時代しかできない

特に中学は、ほとんどの人が部活に入ると思う。つまり、部活をやめて遊ぼうと思っても、つき合ってくれる友達がいないんだ。

どうしても遊びたいなら、部活が休みの日に遊ぶくらいがちょうどいいよ。

あと、本気で部活ができるのって、高校か大学までなんだ。社会人になると、部活をする時間やチャンスがなかなかないからね。

やりたい部活があるなら、学生のうちにやったほうがいい。

失敗しない部活選びのコツ

では、部活はどのように選ぶのがいいのか。1つだけ、大事なポイントを紹介するね。

部活には、「結果重視タイプ」と「楽しさ重視タイプ」の2つがある。

結果重視タイプは、大会でいい結果を出すことを目標に、厳しい練習をする部活。練習量も、活動日も多い。

楽しさ重視タイプは、楽しくワイワイやることをモットーにしている部活。練習もそこまで厳しくなく、土日とも休みというところもある。

部活を選ぶときは、キミがどちらのタイプに入りたいかを考えることが大切だよ。

というのも、楽しくやりたい人が結果重視タイプの部活に入るとどうなると思う？ おそらく練習量が多すぎてついていけず、楽しくないよね。チームメートや監督からも「もっとしっかりやれよ」と叱られるかもしれない。

この場合、最初から楽しさ重視タイプの部活を選べば問題は起こらないわけだ。

部活は、自分が求めているタイプを選ぶようにしよう。

レギュラーになる方法

運動部で頑張るなら、レギュラーになれたほうがいいよね。では、どうしたらいいのか。**いちばん簡単なのはあいているポジションを狙うこと。**

サッカーを例にすると、今チームに守りのポジションがいないとする。この場合、キミがそこを希望すれば、すぐに試合に出られるわけだ。

守りで活躍すれば、本当にやりたかった攻めのポジションに移動できるかもしれない。

レギュラーになれるかどうかで、**部活の楽しさは変わる。**一度ポジション変更も考えてみよう。

4 たからもの④「遊び」

ゲームをするのは悪くない

ゲームをしたり、友達にLINEを返信したりしていて、親から怒られた経験ってないかな？

暇つぶしで長時間やるのはよくないけど、学生時代に遊ぶのは大切なことだ。

というのも、**人間は遊びを通して自分の夢や仕事を見つけるから。**

例えば、プロゲーマーのふ〜ど選手は、小さい頃からゲームが好きだった。そこで、試しに大会に出てみたら優勝しちゃって、プロゲーマーになった。ちなみに、ふ〜ど選手は、ゲームで出会ったアイドルと結婚までしている。

やることを先に終わらせよう

また、プロゴルファーの石川遼選手は、小学生の頃に親にゴルフ練習場に連れていってもらった。

当時は、遊びの延長だったと思うんだけど、その時間が楽しくてプロゴルファーという夢をもったんだ。

このように、好きな遊びを続けていくと、それが仕事や生きがいになったりするよ。

親に叱られず遊ぶコツ

「もっと遊びたいのに、お母さんに叱られます」

ここまで読んで、こう思っていないかな？　たぶん、同じような悩みをもっている人って多いと思う。

その場合「**やることを先に終わらせる**」ようにしよう。例えば、宿題をやらずにゲームをしていたら、親も怒ると思う。でも、宿題が終わっていたら、そこまで言わないいんじゃないかな？

また、部屋が散らかっているのに遊んでいたら、「片づけなさい」と言われるかもしれない。でもある程度キレイだったら、言われないはず。

つまり、遊ぶことを叱られるのは「やることをやっていない」からなんだ。そこで、親がよく指摘することをメモしておいて、それを終わらせてから遊ぶようにしよう。

おすすめは「夢につながる遊び」

どうせ遊ぶなら、キミの未来が明るくなるほうがいいよね。そこで、次の2つをやってみてほしい。

1つ目は「やったことがないこと」。これは、新しい楽しみにつながる可能性があるから。石川遼選手が、お父さんの誘いに乗らずゴルフをしていなかったら、今はプロではなかったよね？

楽しいかどうかは考えず、誘われたらとりあえずやってみよう。

2つ目は「夢実現につながること」。例えば、将来バスケットボール選手になりたいとする。その場合、友達とバスケをしたり、Bリーグの試合を観にいったりしよう。夢の実現につながるからさ。

ネット疑似体験でやる気アップ

とはいえ、やったことがないことって、あまり乗り気にならないよね。そんなときは「ネット疑似体験」をしよう。

例えばお父さんから「今週末釣りに行ってみないか？」と誘われたとする。ただ、釣りに興味がないなら、釣りのＹｏｕＴｕｂｅを見たり、釣りのゲームをしたりしよう。これなら気軽にできるよね。

こういったネットでできる疑似体験をして「おもしろそう」と思ったら、実際にやってみよう。

企画に乗っかるのもおもしろい

ボクは以前、夢プロジェクトという企画を行っていた。メルマガ読者の親子と一緒に、和太鼓、料理、芝居のような、普段できない体験をする企画。

そのとき、旅行会社ＨＩＳと合同でスノボツアーをしたことがある。みんな、楽しんでたよ。

ＨＩＳは今でも「スタディツアー」という企画で、新しい遊びを提案している。こういったものに、乗っかってみるのもおすすめだよ。自分では想像できない遊びができるから。

5 たからもの❺「家族」

失敗しても応援してくれる人

少しだけ人生の先輩として、キミに伝えたいことがある。それは「人生は、山あり谷あり」ということ。勉強、部活、友達関係、学校生活……。うまくいくこともあれば失敗することもあるのが人生。

例えばボクの場合、本当にたくさんの失敗をしてきた。

・模試でA判定の高校に落ちる。
・部活でミスをしてチームが敗北。
・友達とケンカをして、孤独になる。
・クラスでいじめられる。

学生時代だけでも、つらいことがたくさんあったよ。

ただ、どんなときも家族だけはボクを見捨てなかった。

教師をやめて今の仕事を始めたときも、本当に大変だったよ。安定し

た公務員から、いきなり給料がゼロになるわけだからね。

そのときも親に頭を下げて、家に住まわせてもらったよ。今のボクがあるのは、どんな状況でも応援してくれるお父さんやお母さんがいたからだ。

親だけはキミを見捨てない

キミの親も同じだと思う。

今はいろいろと勉強や生活習慣のことを言われるかもしれない。

正直、嫌だよね（笑）。ボクもよく親とケンカしていたから、気持ちはわかるよ。

でも、そういった言葉の裏には、キミへの愛情が隠れていることも忘れないでほしい。キミが何かに失敗したとき、助けてくれるのは絶対に家族だから。

思春期の子ども流「家族を大切にする」方法

たまには一緒にご飯を食べよう

そこで、勉強と同じくらい、家族のことも大切にしてほしい。

小学校高学年くらいになると、親から離れたくなるよね。ボクも親子関係が悪く、部屋に引きこもっていたタイプだから気持ちはわかる。

ただ、夕食くらいは家族で一緒に食べよう。ほとんど会話がなくてもいい。キミがおいしそうにご飯を食べる姿を見るだけで、親は嬉しいからさ。

そして、年に1回だけでもいいから、「いつもありがとう」と感謝の気持ちを伝えよう。

たったひと言でも、喜んでくれるよ。

もちろん、親と仲がいいなら一緒に遊びや旅行に行ったりするのもおすすめ。

こういった、

・一緒にご飯を食べる
・たまにお礼を言う
・仲がいいなら一緒に遊ぶ

ことが、思春期の子ども流の「家族を大切にする方法」だよ。

たまにお礼を言うとか、時間にしたら3秒だよね。お金もかからない。親に反抗したい時期だからこそ、そういうことから始めてみてほしい。

いちばんの親孝行は志望校合格

そして、必ず志望校に合格しよう。キミが志望校に合格して喜ぶことが、お父さんやお母さんへのいちばんの恩返しになるから。

この本に書いたことを1つずつやっていけば、誰でも必ず合格できるよ。

ボクもできるかぎりサポートするから、一緒に頑張ろう。キミからの合格報告も、楽しみにしているね。

合格の報告を
楽しみに
しているね
入学式

おわりに

２０１４年の3月、私は「思春期の子育てアドバイザーとなり、世界中の子どもたちの未来を明るくしたい」という思いから独立しました。

ありがたいことに２０２１年3月現在で、メルマガ読者が約3万人、ＹｏｕＴｕｂｅの登録者も約4万人になりました。また、全国の小・中学校やＰＴＡ協議会から声をかけていただき、５００人規模の講演会も行えるようになりました。

ただ、最初からうまくいったわけではありません。独立しようとしたときは、たくさん反対されました。「そんなに甘い世界じゃない」「安定した公務員をやめるなんてバカげている」と言われました。でも、私は負けませんでした。絶対に叶えたい夢だったからです。

人間は、何がなんでも叶えたい夢や目標が見つかると、努力することが楽しくなります。すると、周りからどれだけ反対されても、頑張ることができます。

勉強も同じです。絶対に行きたい高校、絶対になりたい職業、絶対に点数を上げたい理由が見つかると、努力することが苦でなくなります。すると、成績は勝手に上がってしまうのです。

「勉強しろ」と言われ、しかたなくやっている状態では、成績は上がりません。まずはＰａｒｔ１を参考にしながら、自然と勉強してしまう状態をつくってください。

そしてもう1つ、大事なことがあります。それは、応援してくれる人をつくることです。私が独立したとき、家族や一部の友達は無条件に私を応援してくれました。「絶対にうまくいくからガンバレ」「いつでも協力するよ」と言ってくれました。だから私は、挑戦することができたのです。彼らには、今でも本当に感謝しています。

勉強も同じです。成績を上げる過程では、つらいことがたくさんあります。友達からの誘いを断ったり、見たいテレビやＹｏｕＴｕｂｅをがまんしたりしないといけないでしょう。このとき、応援してくれる人が1人でもいれば乗り越えることができます。

そこで、お父さんやお母さんには、子どもを無条件に応援する存在になってほしいのです。別冊では、そのやり方をまとめました。

本書を使って、親子で一緒に成績を上げてください。きっと、家族みんなが笑顔になるはずです。いつか直接お会いできる日を楽しみにしています。

最後になりましたが、本書の執筆に協力してくださった山口香織さんや岩瀬浩子さん、いつも私の活動を応援してくれる家族やスタッフ、ともに子どもたちの未来を明るくするために活動している教師時代の友人、そして、メルマガやＹｏｕＴｕｂｅ視聴者の方には、本当に感謝をしています。

思春期の子育てアドバイザー　道山ケイ

道山《みちやま》ケイ

思春期の子育てアドバイザー。「親を変えることで子どもの成績を上げる」プロとして活躍。また、子どもには、塾なしでも必ず成績が上がる勉強法を伝授。元公立中学校の教師で、教師時代に学級崩壊の地獄と学年最下位クラスを 9 カ月で学年トップに変えた天国を経験。この体験から“道山流思春期子育て法”を確立。教師の立場からできることの限界を感じて独立。保護者からは「道山流で子どもに接すると成績が上がる」「志望校に合格できた！」と信頼が厚い。年間 3000 組の親子をサポート、全国各地で開催される有料勉強会もすぐに満席になるほどの大人気。
公式ホームページ https://seiseki-up.info/

STAFF
表紙・本文デザイン／今井悦子（MET）
カバーイラスト・マンガ／佳奈
イラスト／ TOA
校正／田杭雅子
編集／岩瀬浩子
編集担当／山口香織（主婦の友社）

親子《おやこ》で一緒《いっしょ》にやるからできる
中学生《ちゅうがくせい》の勉強大全《べんきょうたいぜん》

2021 年 4 月 10 日　第 1 刷発行
2024 年 6 月 10 日　第 12 刷発行

著　者　道山《みちやま》ケイ
発行者　平野健一
発行所　株式会社主婦の友社
〒 141-0021　東京都品川区上大崎 3-1-1 目黒セントラルスクエア
電話　03-5280-7537（内容・不良品等のお問い合わせ）
049-259-1236（販売）
印刷所　大日本印刷株式会社

子どもの成績を必ずアップさせる

保護者の勉強サポート大全

道山ケイ

スペシャル特典!!

子どものサポートが成功する
7つの思考法解説音声

スマホで手軽に。家事をしながら、
移動中など「ながら」で聞けて、
より深く理解できます!

https://nakayosi.net

主婦の友社

過干渉をやめたら偏差値15アップ！

埼玉県　大野さとみさん　ことみさん　中学2年生

娘が中学に入学した頃、私は子育てについて悩んでいました。
わかんなーい
なんで1人で勉強できないんだろう
1人では勉強することもできず門限や約束も守れず
6時までに帰ってくる約束なのに
友達のお母さんと探しにいくこともよくありました。
私は更年期障害のせいか体調も悪く、イライラしていて、娘との歯車がかみ合いませんでした。
そろそろ勉強しなさい
もう10時よ早くお風呂に入りなさいよ
うるさいなぁ

宿題やるから一緒にやって～

それくらい1人でやりなさい
と突っぱねたり。結果として過干渉と放任を繰り返している状態になってしまっていました。

あの子最近ね…どう思う？

おまえに任せてあるだろう
仕事が忙しい夫は、家のことには無関心。

そのせいもあってギクシャクし、家族の雰囲気が悪かったのです。

さすがにまずいと思いネットなどの情報を参考に子育ての方法を変えました。まず、「勉強しなさい」と言いたくなる気持ちをがまんしたのです。

お母さん
丸つけやって
くれない？
いいよ
そして、娘の頼みは
できるだけ聞くようにし、
丸つけを手伝ったり、
解説を一緒に読んだり
サポートしました。
今日は
あなたの好きな
ハンバーグよ
一緒に作る！
買い物に
行きたいんだけど
いいわよ
こうしているうちに、
少しずつ娘と
仲よくなっていくことが
できたのです。
私がしんどいときは
洗濯物を
とりこんでくれたりと、
娘自ら手伝いをしてくれ、
約束事も守れるように
なっていきました。
中学2年生に
上がる頃には、
少しずつ1人で
勉強もできるように
なりました。

結果、
1年生のときには、
模擬試験で
偏差値51だったのが、
偏差値66まで
上がったのです。
偏差値
66
さらに今、
積極的ではなかった娘が、
いろいろなことに
挑戦するようになりました。
生徒会に立候補し当選。
部活では副部長になり、
プライベートでは、
彼氏ができました。
娘の変化を
報告するうちに、
夫とも会話が弾み、
家族3人で楽しい時間も
もてるようになりました。
義務感でやっていた
子育てが
楽しみに変わったことに
嬉しい驚きを感じています。

なかよし貯金が増えると成績は上がる

大野さんは過干渉をやめ、お子さんの要求を聞くようにされました。すると「なかよし貯金」が増え、勉強を頑張るようになったのです。現在なかよし貯金が低い場合、まずは増やすところから始めましょう。貯金が増えると、成績は勝手に上がります！

「息子が行きたい高校」への進学を応援したら学年1位に

大阪府　山田美香さん　唯人くん　中学2年生

今思うと本当によくなかったと思うのですが、小学生の頃まで私の気分次第で息子を叱ったりしていました。また、私たち夫婦はどちらも偏差値の高い高校出身のこともあって、息子にも偏差値の高い高校に行ってほしいと強く願っていました。そのため、小さい頃から「勉強しなさい」とうるさく言いがちだったのです。ところが、息子はちっとも勉強しません。中学生になっても宿題するのがやっとな息子の態度に毎日イライラしていました。

どうして勉強しないんだろうと悩み、夫婦で話し合ったり、ネットでいろいろ調べたりしました。そして私自身の息子への接し方がよくなかったのではないかと気づき、子育てのやり方を変えることを意識するようになりました。

まず、自分の気分で叱るのをやめ、息子の行動をよく見て、いったんのみ込んで、落ち着いてから伝えるようにしたのです。また、高校も「息子が行きたいところに行けばいい」と思うようにしました。通うのは、親ではなくほかでもない息子だからです。

さらに、息子の要求をできるかぎり聞くように努力しました。例えば息子が「サンドイッチを作って」と言ってきたら作ってあげるなどです。

また、息子とは対等な人間同士の関わりを忘れないように気をつけました。息子とした約束を守れなかったり、勉強していない姿を見て小言を言ってしまったりしたときは、過ちを認めて、すぐに謝るようにしました。もちろん、厳しく叱るべきときに厳しく叱ることはしたうえでのことです。

少しずつ成績が上がっていった

こういう努力を続けた結果、半年ほどで息子の意欲が徐々に高まり、自分から勉強するように。

私も息子の勉強を全力でサポートしました。問題を出したり、テストをコピーしたりして手伝ったのです。

こうした努力が実り、成績は少しずつ上がりました。1年生の終わりには5教科合計469点、9教科合計808点をとることができたのです。勉強だけではありません。生徒会役員に当選したり、陸上部でも頑張って、1年生から長距離走のレギュラーになることができました。そして2年生になってからは、過去最高得点である5教科合計477点、9教科合計859点をとり、学年順位が1位になったのです。成績もオール5をとることができました。

⬇子どもとの接し方についてはp.14から詳しく説明しています。

子どもの気持ちを尊重するとやる気アップする

受験でよくやってしまうミスが「親が行かせたい高校に行かせようとする」ことです。これをすると、子どもは「自分が行きたくない高校に行く」ことになります。これでは、勉強のやる気は出ません。お子さんが行きたい高校への進学を応援したほうが、受験はうまくいきます。

「勉強しなさい」と言うのをやめて、E判定の高校に逆転合格

滋賀県　浅井敏郎さん　みゆきさん　高校1年生

娘には行きたい学校があり、そこを志望していたのですが、3年生の2学期になっても思ったほど成績が伸びませんでした。その結果、2学期の終わりの個人面談では、担任の先生から「志望校を変えるように」と言われてしまいました。1月の最後の模擬試験の結果も第一志望校はE判定。頭を抱えてしまいました。

「勉強しろ」プレッシャーをがまん

なんとか娘の願いを叶えてやりたい。自分にできることは何かと模索した結果、逆説的ですが、これまでどうしてもがまんできなかった「勉強しろ」というプレッシャーを毎日のようにかけるのをやめることにしました。

これまで再三、妻からも「逆効果なんじゃないの」と言われてはいたのです。

「勉強しなさい」と言いたくなったときはぐっとがまんし、かわりに子どもの好きな料理を作るようにしま

した。夕ご飯に娘の好きな1品が食卓に並ぶようになり、父親の手料理を娘はとても喜んでくれました。

受験当日にサプライズで弁当作り

そして、受験まで残り1カ月となった2月のある日、娘から「お父さん、第一志望の公立に落ちて私立になるかもしれない」と相談がありました。親としては、第一志望は厳しいかもと思っていましたが、娘がそのとき「でも最後まで頑張りたい」と言ったので、「心配するな。行きたいところがあるなら受けたほうがいい。お金のことは気にしなくていいから頑張れ」と答えました。

正直こう答えるには勇気が必要でしたが、この日から娘は見違えるように勉強に集中するようになりました。その姿を見せてくれたので、結果はどうあれよかったと思えたのです。

受験当日は早起きして、サプライズで娘の弁当を作りました。

幸い、親子の努力が実ったのか、娘はE判定だった第一志望の公立高校に合格することができました。今も毎日楽しく通っています。

⬇ウンザリ言葉をなくす方法はp.19で詳しく説明しています。
⬇子どもの好きな料理を作ることについてはp.22で詳しく説明しています。

最後まで子どもを信じると奇跡が起こる

受かるかどうかわからない高校を受けさせるのは、勇気がいります。ただ、子どもが受けたいというなら受けさせましょう。そのほうが、悔いが残らないからです。もちろん、押さえの高校は必ず受けるようにしてください。

1 約束――この別冊を手にとったあなたへ――

この内容を実践すれば、成績は必ず上がります！

最初に、約束をしましょう。この別冊に書いてあるとおりにお子さんに向き合っていただければ、今より親子の仲がよくなります。するとお子さんは、あなたの話を今よりさらに聞いてくれるようになるでしょう。**今まで言いたくても言えなかったり、素直に聞いてくれなかった勉強や受験の話もできるようになるはず**です。

すると、どうなるか。お子さんの勉強に対するやる気が上がり、成績もグングンアップします。**志望校に、楽に合格することもできる**でしょう。親にとって、これほど嬉しいことはないですよね。

「本当に、効果があるんですか？」。もしかしたら、こう思われたかもしれません。

安心してください。私はこれまでに、1万組以上の親子の勉強や受験をサポートしてきました。北は北海道、南は沖縄、はたまた海外の日本人学校に通わせている方にも、アドバイスをしてきました。

この**別冊に書いたことは**、**その中でうまくいった方が実践されたこと**です。同じように行えば、お子さんにも必ずよい結果が出るでしょう。

効果があるからこそ、危険な内容です

もちろん、全員がうまくいったわけではありません。残念ながら、お子さんの成績が上がらなかった方もいます。

では、うまくいく方とそうでない方の違いはなんでしょうか。それは、**この別冊の内容を行ったかどうか**です。読んで理解することはできても、実際に行うのは簡単なことではありません。しかし、必ず「実行」していただきたいのです。

ここに書いた内容を行わずに、本編に書いた勉強テクニックを子どもに伝えても成績は上がりません。それどころか、親子関係がさらに悪くなってしまい、スマホゲーム依存や不登校になってしまうこともあるでしょう。

お子さんには、そうなってほしくありません。だから、約束していただきたいのです。**お子さんの成績を上げたいなら、必ずこの別冊に書いてあることを行うと。**

約束していただけますか?

ありがとうございます。では、私と一緒にお子さんの素敵な未来をつくりましょう。

2

スマホやゲーム依存が増えている理由は「さびしさ感情」

悪いのは親ではない！　現代の生活スタイル

もしかしたらお子さんは、毎日スマホやゲームをしているのではないでしょうか。「そろそろ、やめなさい」と言っても、なかなかやめられなかったりしませんか？

実は今、こういった悩みをもっている親が増えています。なぜ子どもたちは、スマホやゲームばかりするのでしょうか。原因は、現代の生活スタイルにあります。

今の日本というのは「核家族共働きスタイル」が主流です。昔のように、おじいちゃんやおばあちゃんと一緒に住んでいるわけではなく、親と子どもだけで暮らしている家庭がほとんどです。

また、母親が専業主婦という家族も少なくなっています。たいていは、共働きだと思います。バブルのときのように、父親1人の給料で家族を養える時代ではないからです。

この生活スタイルが、子どもたちをスマホやゲームに向かわせています。なぜなら、**子どもが学校から帰ってきても家に誰もいない**からです。

想像してみてください。真っ暗でシーンとする家に帰ってくる子どもの気持ちを……。ものすごくさびしいですよね。**ひとり暮らしを始めた社会人1年目のようなさびしさを、子どもたちは感じているのです。**すると、どうなるか。この気持ちを紛らわすために、スマホやゲームで友達とつながろうとするのです。私はこの「さびしさ感情」が、スマホやゲーム依存が増えているいちばんの理由だと考えています。

子育ての方法を学べないのも問題

仕事を終えて帰宅すると、勉強もせずにスマホやゲームをしているわが子を目にします。するとつい、「宿題は終わったの？　もうすぐテストなんだから勉強しなくていいの？」と言いたくなりますよね。でもそれは子どもからすると、「また勉強の話？まずは学校の話を聞いてよ」と思うのです。

もちろん子どもたちも、勉強が大事なことはわかっています。ただ、**勉強よりも先にお父さんやお母さんと話がしたい**のです。そこで、「なんのゲームしているの？お母さんにも見せて」と興味を示したり、「今日の部活はどうだった？　疲れたよね。ご飯作るね」と話を聞いたりすることが大切なのです。

ただ、こういった「**子どもが喜ぶ声かけ法**」って、**学校では教えてもらえません。つまり、自分で学ばないかぎり子育てがうまくいかないのは当然なのです。**このように、現代の生活スタイルや子育てを学べない環境によって、たくさんの子どもたちがスマホやゲーム依存になっています。

3 「なかよし貯金」を増やすことが、成績を上げる最短ルート

どんな生活スタイルでも成績は上がる！

「うちは、核家族共働きスタイルです。これだと、子どもを勉強させることができないのでしょうか？」。ここまで読んで、こう思われたかもしれません。大丈夫です。私がこれまでにサポートしてきた方の多くが、このスタイルで生活をされています。

　昔のように母親が専業主婦で、祖父母の力も借りられる方と比べたら、難易度は上がるかもしれません。

　しかし、**ポイントを押さえて子どもに向き合えば、今よりさらに良好な親子関係をつくることができます。**成績を上げることも可能です。では、どのようなことを意識すればいいのでしょうか。まずは、「子どものメカニズム」を理解しましょう。

子育ての基本は、なかよし貯金を増やすこと

　子どもの心には、親の愛情を受け止める器があります。私はこれを「愛情銀行の預金残高」と呼んでいます。親の言葉や行動に対して、子どもが「これは、お父さんや

お母さんの愛情だ」と思えば、預金口座に「なかよし貯金」がたまっていきます。これが増えるほど、親子の仲はよくなるのです。

一方、親が子どものためだと思っても「うっとうしい」と思われたら、貯金はたまりません。それどころか、減っていきます。すると、親子の関係は悪くなっていくのです。子育ての基本は、なかよし貯金をためて良好な親子関係をつくることです。

貯金がたまると起こる3つのいいこと

なかよし貯金がたまると、子どもに3つの変化が起こります。

1つ目は、**親を信じられるようになる**ことです。

職場には、あなたと仲がいい上司と悪い上司がいると思います。どちらのほうが、信頼できるでしょうか？　仲のいい上司ですよね。子どもも同じです。親の愛情を感じてなかよし貯金がたまるほど、親を信じられるようになります。すると、こちらの話を聞いてくれるようになるのです。

2つ目は、**自分を律することができる**ようになります。

多くの子にとって、スマホやゲームは楽しい遊びです。ただ、やりすぎると目が悪くなったり、勉強できなくなったりすることも理解しています。なかよし貯金が少ない親から「そろそろやめなさい」と言われたらどうでしょうか。残念ですが、聞いてくれません。

でも、貯金がたまっている大好きな親から言われたらどうでしょうか。しぶしぶかもしれませんが、やめられるのです。このように、なかよし貯金が多いとダメなことをやめさせられるようになります。

3つ目は、**行動エネルギーがたまる**ことです。

なかよし貯金が多いと、子どもは「何かに失敗しても、お父さんやお母さんが助けてくれる」と思います。そのため、失敗を恐れずいろいろなことに挑戦できるようになります。

これは、行動エネルギーがたまっている状態です。子どもはこのエネルギーを使って、学校に行ったり勉強したりしています。つまり、**なかよし貯金が少ないと、成績が下がったり不登校になったりする**のです。

参考までに、私のメルマガ読者さんには、子どもが学校に行けなかった方がたくさんいます。私はそういった方たちに、まずはなかよし貯金を増やすようにアドバイスしてきました。50%くらいの方は、これだけで不登校が解決しています。お子さんが学校に行けないなら、このあと紹介する方法を試してみてください。

子どもが望むことをして、嫌がることはしない

ではどうしたら、なかよし貯金をためることができるのでしょうか。

いちばん大事なのは「子どもが望むことをして、望まないことはしない」ことです。

好きな上司のことを思い出してください。おそらく、あなたの頼みをできるかぎり聞いてくれるのではないでしょうか。また、嫌なこともしないのではないでしょうか。一方、あまり好きでない上司は、この逆だと思います。

子どもも同じです。「ディズニーランドに行きたい」「から揚げを食べたい」。こういった要求をたくさん聞くほど、なかよし貯金はたまります。

絶対にダメなことは叱ろう

ここまで読むと、子どもの要求はなんでも聞いたほうがいいと思うかもしれません。しかし、これは違います。例えば、お子さんが未成年なのに「酒が飲みたいから買ってこい」と言ったらどうでしょう。確かに、子どもの要求かもしれませんが、これは単なるわがままです。

わがままは、聞いてはいけません。未成年でお酒を飲んだら、体を壊してしまうからです。法律にも違反しています。つまり、わがままを聞いても子どもの未来は明るくならないのです。わがままを聞くと、なかよし貯金は減ってしまうので注意しましょう。

子どもなら誰でももっている要求（甘え）は、できるだけ聞く。法律にふれることや自分や他人を傷つけることはもちろん、他人に迷惑をかけることなど、理不尽な要求（わがまま）は聞かないようにする。これが、ポイントです。

4

1日3分からできる！なかよし貯金を増やす5つの方法

共働き世帯やひとり親家庭でも可能

「私は仕事が忙しいため、ディズニーランドに連れていく時間がとれません」。ここまで読んで、こんなふうに感じてはいないでしょうか。安心してください。時間をかけなくても、なかよし貯金を増やすテクニックはあります。

本書では、1日3分からできる方法を紹介します。毎日家事や仕事が忙しい共働き世帯やひとり親家庭でも、これならできるはずです。

ただその前に、1つ注意点があります。**ここからの内容は、理想の子育て法です。つまり、すべてできなくて当たり前だと思ってください。**すべてやろうとすると、時間がなくなります。するとストレスがたまって、うまくいかなくなるでしょう。まずは1つできれば十分くらいに、考えてみてください。

また、定期的に自分の楽しみの時間をつくるようにしましょう。友達とランチに行く、ショッピングをする、ドラマを見る、なんでもいいです。疲れがたまると、子育てはうまくいきません。たまには休むのも、子どものためです。

①なくす――ウンザリ言葉をなくす――

たまった貯金を減らさないようにしよう

なかよし貯金を増やすよりも大切なことは「減らさないこと」です。増やすのは大変ですが、減らすのは一瞬だからです。では、どういった行動をとると貯金が減ってしまうのでしょうか。

いちばんダメなのは、子どもが嫌がる「ウンザリ言葉」を言うことです。

例えば**「勉強しなさい」**。おそらく99%の親が、使ったことがあるでしょう。

小学校低学年くらいまでの子は、この言葉で勉強します。親が怖いからです。ただ、高学年くらいから効果がなくなってきます。それどころか、**言えば言うほどなかよし貯金を減らす危険な言葉**に変わります。どうせ言っても勉強しないなら、言わないほうがいいと思いませんか？　そこで、まずはこの言葉を使わないように意識しましょう。「勉強しなさい」以外にも、子どもの表情がくもる言葉ってあると思います。「早く寝なさい」「お風呂に入りなさい」「靴はそろえて脱ぎなさい」などです。こういった言葉を使うのは、なかよし貯金がたまってからにしましょう。

②わらう――ニコニコママvs.イライラママ 同じ努力をしても結果の差は歴然――

1日3回、鏡で自分の表情をチェックしよう

子どもが家にいるだけで、自動的になかよし貯金が増える家庭があります。その一方で、家にいるだけで減ってしまう家庭もあります。この違い、なんだと思いますか？それは「親の表情」です。

親がいつもニコニコしていると、子どもは家にいるのが楽しくなりますよね。家庭の雰囲気も明るくなると思います。すると、親が何もしていなくても、勝手になかよし貯金が増えていくのです。

しかし、どれだけ子どもの要求を聞いても、いつも表情がイライラしていたらどうでしょう。時間をつくってUSJに連れていっても、子どもはこう感じるはずです。「お母さん、本当はこんなところに来たくないんだろうな」。これだとせっかく時間をつくっても、逆効果になってしまいます。

そこで、1日3回鏡を見て自分の表情をチェックしましょう。表情がくもっていたら、**少しだけ笑顔を意識する**のです。最初は、不自然かもしれません。でも、何度かやっていれば表情が変わってきます。すると、なかよし貯金も増えやすくなるはずです。

③まなぶ――少ない会話のチャンスをものにするため、YouTubeでスキマ学習をする――

会話の質を高めよう

なかよし貯金を増やす奥義をお伝えしましょう。それは、**子どもの好きなことを子ども以上に理解すること**です。

例えばお子さんが、YouTuberのヒカキンさんが好きだとします。おそらく、毎日動画を見ているでしょう。この場合、仕事に行くときや家事をしながらでもいいので、ヒカキンさんの動画をチェックするのです。

そして、こう言いましょう。「今日のヒカキンの動画おもしろかったね。週末、クレーンゲームやりに行く?」。

すると、自然と会話が広がりますよね。「お母さんも見てるの? この動画もおもしろいよ」と、子どもから話を振ってくるかもしれません。

仕事や家事が忙しく子どもと話す時間がとれないからこそ、会話の質を高める努力をしましょう。**子どもがゲーム好きなら、ゲームをする。マンガが好きなら、マンガを読む。**時間があれば、ここまでできると理想です。

④そえる――子どもの好きな料理を作り、メッセージカードを添えておく――

気にかけていることが伝わればOK

仕事が忙しくなると、子どもが夕食を1人で食べることも増えるでしょう。仕事なのでしかたがないことですが、ややさびしさを感じていると思います。そんなときにおすすめなのが「メッセージカード」です。

仕事で帰りが遅い場合、夕食は朝作って冷蔵庫に入れておくことが多いでしょう。そのとき、夕食にちょっとしたメッセージを書いた手紙を添えておくのです。

「学校おつかれさま。今日は、あなたの好きなハンバーグを作っておいたよ。少しだけ気合を入れて、チーズをトッピングしたから食べてみてね。LINEで感想、お待ちしてまーす（笑）」。こんな手紙が添えられていたら、お子さんも楽しい気持ちになりますよね。

また、**仕事が遅くなるときは「気づかいLINE」を送るのもおすすめです**。「今日遅くなりそう。部活疲れたよね？　帰りにコンビニでシュークリーム買っていくから待っててね」みたいな感じです。

ただし、思春期の男の子にはこういったメッセージを嫌がる子もいます。その場合は、やめましょう。女の子は喜ぶことが多いので、小まめに連絡をしてあげるといいです。

⑤はしゃぐ——子どもの遊びにつき合うときは、仕事以上にハイテンションで楽しむ——

3時間だけ仕事のことは忘れよう

普段忙しい生活を送っていると、土日くらいは休みたいと思います。そのため、子どもから「イオンで服買いたい」と言われても、連れていけるのは月に1度くらいでしょう。これは、しかたがないことです。頑張りすぎると、親が倒れてしまいますからね。

ただし、1つだけ大事なことがあります。それは、**少ないチャンスだからこそ、全力でつき合う**ことです。例えば、ショッピングモールに連れていくなら、

・行き帰りの車内で話すテーマを考えておく
・子どもの好きなものが食べられるお店を予約しておく
・子どもの行きたいお店に行くときは、自分も楽しむ

ようにしましょう。仕事が忙しいと、お店にいる間もつい仕事のことを考えてしまいます。しかし、**これだと子どもに見抜かれます**。「お母さん、全然楽しそうじゃない」と言われてしまうのです。そうなると、せっかくつくった時間が無駄になってしまいます。普段は忙しいからこそ、遊びにつき合うときはハイテンションでいきましょう。

5 なかよし貯金が増える「4つのケース別声かけ集」

ケース1 ごほうびを決めたのに、勉強しないとき

ごほうびを決めたのに、子どもが勉強しないことはよくあります。そのとき、絶対に言ってはいけないのは「なんで勉強してないの？　早くしなさい」という言葉。思春期の子どもは、何か言われるとやりたくなくなるからです。

こういった場合、**「何か手伝えることあったら言ってね」**とひと言伝えるだけにしましょう。そのあともやらない場合、ごほうび作戦がうまくいっていない可能性があります。もう一度、ｐａｒｔ１を見直してみてください。

ケース2 この本を渡したのに「いらない」と言われたとき

子どもが効率の悪い勉強方法を続けている。こういった場合もあるでしょう。すると「この本のやり方でやってみたら？」と言って、本書を手渡したくなるかもしれません。子どもが受け入れてくれればいいですが、「いらない」と言うこともあるでしょう。

そんなときは、**「ＯＫ！　じゃあ、必要なタイミングが来たら言ってね」**と伝えましょ

う。無理に勉強方法を変えようとすると、やる気が下がるからです。少し待って、テスト結果が悪かったタイミングで、渡し直してみましょう。

ケース3 スマホやゲームをやめられないとき

お子さんが、なかなかゲームをやめないときってないでしょうか。夕食ができたタイミングだと「あったかいうちに食べてほしいのに……」と悲しくなるでしょう。しかし、ここで「早くやめなさい」と言っても反発するだけです。

この場合、**「ご飯できたけど、あとどのくらいで終わる?」**と言いましょう。ゲームには、キリのいいタイミングがあるからです。そこまで待ってあげれば、子どもも反発することなくやめられます。

ケース4 「学校に行きたくない」と言ったとき

ある日突然、子どもが「学校に行きたくない」と言うこともあるでしょう。このとき「何を言ってるの! 頑張って行きなさい」と言ってはいけません。行きたくない学校に無理やり行かせると、なかよし貯金が減ってしまうからです。

こういったときは**「そっか、行きたくない日もあるよね。今日は家でゆっくりしようか」**と伝えましょう。仕事が休めるなら、1日子どもと一緒に過ごすといいです。子どもの気持ちが落ち着いたら、行きたくない理由を少しずつ聞きましょう。

6 2つのやる気アップポイントをチェックし、part1に進もう──

子どもが自ら勉強するようになるタイミング

なかよし貯金がたまってくると、勉強させられる状態になります。ここまできたら、part1に進みましょう。お子さんと一緒に「ごほうび作戦」を進めていけば、親が何も言わなくても勉強するようになります。

ただここで1つ、注意点があります。**なかよし貯金がたまっていない状態で本編に進んでも、子どものやる気は出ません**。では、どういった状況になったら勉強させられるのでしょうか。ポイントは、2つあります。

1つ目は、**会話のキャッチボールができるかどうか**です。例えば、「今日の部活はどうだった?」と聞いたとします。このとき「ビミョー」と返ってきて部屋に引きこもってしまったら、会話が成立していません。

しかし「楽しかったよ。今週末、練習試合になったらしい。もしかしたら、初めて試合に出られるかも」と言ったらどうでしょう。こちらも、「よかったね。試合で活躍できるように、気合入れてお弁当作るよ」と返答ができるはずです。つまり、会話のキャッチボールができていますよね。まずは、この状態かチェックしましょう。

２つ目は、**勉強の話を聞けるかどうか**です。小さい頃から勉強の話ばかりしていると、子どもは「勉強」「宿題」「成績」「受験」というようなキーワードに、拒否反応を示すようになります。

すると、子どもの好きな話はできるのに、勉強の話をすると急に嫌な顔をするようになるのです。この場合も、まだ勉強させられる状態ではありません。子どもが勉強系キーワードを受け止められる状態かどうか、チェックしましょう。

解決策は「なかよし貯金」を増やすこと

どちらのケースも、解決策は１つです。いったん勉強の話はやめて、なかよし貯金を増やしましょう。なぜなら、この状態で勉強の話をするのは「子どもが嫌がる行動」だからです。話をすればするほど、貯金が減ってしまいます。すると、いつまでたってもやる気を引き出すことができません。

私がこれまでにサポートした方の中で、なかなか成績が上がらない家庭の多くはこのパターンです。親の「早く勉強させたい」という思いが強いため、まだ勉強させられるレベルではないのに勉強の話をしてしまうのです。

親である以上、子どもの成績を上げたい気持ちはわかります。ただ、それ以上に大切なのは、なかよし貯金を増やすことです。言いたい気持ちをぐっとこらえ、５つのアプローチを続けていきましょう。

子どもが受験生のときは？

「何も言わないほうがいいことはわかりますが、もうすぐ受験なんです」。もしかしたら、こういった悩みをおもちかもしれません。お子さんが中学3年生で間もなく受験だと、勉強を頑張らせたいですよね。ただ、この状態であっても考え方は同じです。やるべきことは、**「勉強のことは言わず、なかよし貯金を増やす」**です。

受験の1カ月前になっても、子どもは勉強しないかもしれません。でも大丈夫です。その時期までに貯金がたまっていれば、進路の話はできます。すると、今の実力で行ける志望校を見つけて、進学させることができるでしょう。

しかし、勉強させたい気持ちを抑えられず、勉強の話を続けてしまったらどうなるでしょうか。一時的に子どもは机に向かうかもしれませんが、嫌々勉強しても成績は上がりません。なかよし貯金も減ってしまうため、親を避けるようになります。すると進路の話ができないため、受験させることさえ難しくなってしまうのです。

・**勉強はしないけど親子の仲がよく、今の実力で行ける進路に進むことができる**
・**嫌々勉強はしたけど親子の仲が悪く、なんとなく選んだ進路にしか進めない**

あなたはどちらを選びますか？　私の経験上、前者を選んだほうが子どもの未来は明るくなっています。

子育ての最終ゴールは、受験ではない

というのも、子育てのゴールは受験に合格することではないからです。

私は**「子どもが将来、自分が望む人生を歩めること」**が、**子育てのゴール**だと思っています。そのため、進学先が偏差値の低い高校だとしても問題ないのです。

なかよし貯金がたまっていれば、子どもの行動エネルギーはたっぷりありますよね。すると、今の実力で行ける学校でも、勉強を頑張ることができます。希望の大学に進学できるかもしれません。つまり、なかよし貯金がたまってれば、**自分が歩みたい人生に向かって前進できる**でしょう。

もちろんこれは、受験までに勉強させられなかったときの話です。本章を参考に、中学1、2年生の頃からなかよし貯金を増やしておけば、子どもは自ら勉強するようになります。成績も上がり、志望校にも合格できるはずです。

7 「わき役サポーター」に徹しよう

子どもが求めているかどうかチェック

part1の「ごほうび作戦」がうまくいくと、子どもは自ら勉強を始めます。**ここまでくれば、成績が上がるのは時間の問題**です。ただし、そのままほうっておくわけではありません。親が上手にサポートをすることも必要です。part2の「おうち学習法」を読みながら、自分で勉強を進められる子は少ないからです。

では、どういったことを意識して子どもをサポートしていけばいいのでしょうか。いちばん大事なのは**「わき役に徹する」**ことです。

子どもの成績を上げることに気合が入りすぎると、あれもこれも言いたくなってしまいます。例えば、「ワークは、これを使うといいらしいよ」「スケジュールを考えたから、これでやってみたら?」「単語カードをつくったから、これで覚えなさい」など。

子どもから頼まれて、ワークを買ってきたなら問題ありません。しかし、**子どもから頼まれてもいないのに買ってくるのはおせっかいい**です。せっかくたまったなかよし貯金が減ってしまうので、注意しましょう。

自然に手伝える状況をつくろう

「そんなこと言われても、うちの子はスケジュールを立てません。このままだと、成績は上がらない気がします」。こんな悩みをおもちではないでしょうか。そのときは、「わき役サポート」をしましょう。

例えば、**子どもが勉強しているときに、飲み物を持っていくのです**。そこで「頑張っているね。お母さんにも手伝えることがあったら言ってね」と言いましょう。手伝ってほしい気持ちがあるなら、頼んでくるはずです。

もちろん、1人でやりたいタイプの子もいます。特に男の子は、そういったタイプが多いものです。そのときは、**テストが終わるのを待ちましょう**。ごほうびを決めたのに自己流で進めて成績が上がらなかったら、子どもは落ち込みます。そのタイミングで、「頑張っていたのに、残念だったね。勉強方法が間違っていなかったか、見直してみようか」と提案すればいいのです。

子どもも、次こそは絶対に成績を上げてごほうびをゲットしたいと思っています。こちらの話も聞いてくれるでしょう。

たくさん手伝うほど、早く自立する

「勉強って、すべて手伝ってもいいのでしょうか？　自立できなくなる気がします」

ここまで読んで、こんなふうに思われていないでしょうか。親が手伝うと、1人でできない子になりそうですよね。でも安心してください。親が手伝うほど、子どもは早く自立します。

思い出してみてください。お子さんは小さい頃、1人で服を着られなかったはずです。今はどうでしょう。1人で着られますよね。勉強も同じです。**最初は、1人で計画表をつくれないかもしれません。でも、親が手伝ってあげると、少しずつコツをつかみます。**いずれ1人でできるようになるのです。

がれき学習をサポートしよう

では、どんなことを手伝うといいのでしょうか。まずは、子どもが1人でできないことです。

・計画表をつくる
・わからない問題を解説する

こういったことは、できるようになるまでサポートしましょう。もう1つは「がれき学習」です。**がれき学習とは、成績アップにつながらない作業**のことです。

・単語カードの作成
・ワークの丸つけ

などの時間は、一見すると勉強しているように思えます。しかし、単なる作業です。単語カードをたくさんつくっても、成績は上がりません。そういったことは親が手伝いましょう。

塾や家庭教師を頼るのもアリ

もちろん、親の時間には限りがあります。仕事が忙しいと、サポートできないこともあるでしょう。そういったときは、塾や家庭教師を頼るのもアリです。

親であるあなたは「なかよし貯金をためること」と「ごほうび作戦の話し合いをすること」だけ行いましょう。それ以外の学習サポートは、外部にまる投げしちゃってOKです。

すべて親がやろうとすると、時間が足りなくなります。するとイライラして、なかよし貯金がたまりにくくなるかもしれません。それなら、外部に委託できることはお願いしたほうがいいのです。

8 子育てチームをつくるとうまくいく

近所づき合いがない「孤独な子育て環境」も原因

今の子どもたちが問題を起こしやすいのは「核家族共働きスタイル」が原因だと書きました。実は、もう1つ原因があります。「孤独な子育て環境」です。

一昔前までは、今よりも近所づき合いが盛んでした。

・旅行に行ってきたら、お土産を持っていく
・ご飯を作りすぎたら、おすそ分けをする

こんな風景が一般的だったのです。私が小学生の頃でさえ、友達の家で遊んでいると母親が「ご飯できたよ」と迎えに来ていました。**こういった時代は、地域全体で子どもたちを育てていました。そのため、親が孤独感を感じることはなかった**のです。

しかし今は、近所の人と話したことがないという方もいるでしょう。

つまり、**多くの方は1人で孤独に子育てをしている**のです。これでは、困ったときに相談したり助けてもらったりすることもできません。うまくいかなくて当然ですよね。

そこで、子育てを支え合うチーム（仲間）をつくりましょう。ママ友やパパ友が1人いるだけで、気持ちが楽になるからです。PTA活動や学校行事に参加したり、インスタグラムなどのSNSで知り合ったり、どんな形でつくってもいいです。**一緒に頑張る友達がいるだけで、気持ちが楽になる**でしょう。

週に1回、楽しみイベントを入れよう

また、定期的に自分の楽しみをつくることも大切です。**ママ友やパパ友とランチやお茶に行く、ショッピングをする、ドラマや映画を見る。**なんでもいいです。疲れがたまると、子育てはうまくいきません。イライラしやすくなるからです。できれば週1、最低でも月1は楽しみイベントを入れましょう。これも、子どものためです。

最後になりますが、私は毎日メルマガやYouTubeを通して、思春期の子をもつ親の相談に乗っています。ページ数の関係で、この別冊には書けなかった応用テクニックも解説しています。「道山ケイ」で検索すると見られるので、こちらも参考にしていただけると嬉しいです。

本書の内容で、お子さんの未来が少しでも明るくなれば幸いです。

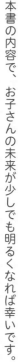

なかよし貯金別！

子どもの状況チェック表

なかよし貯金の残高によって、子どもの行動は変わります。本書では、＋300から−300の範囲で、子どもがどういった行動をするか紹介します。お子さんが、現在どのレベルかチェックしてみてください。なお、これはあくまでも目安です。実際には、子どもの年齢や気質によって変わってきます。

なかよし貯金	子どもの状況	親の対応
300	子どものほうから、学校で起こったできごとや悩みなどなんでも話してくれる。子どもは家にいるのが楽しいため、家族みんなでテレビを見たり話をしたりする。行動エネルギーもたくさんあるため、自分の夢や目標に向かって努力できる。そのために勉強が必要なら、何も言わなくても頑張れる状況。	子どもが求めてくるなら、ごほうび作戦やわき役サポートをしましょう。自分で勉強できる場合は、見守っていればＯＫです。勉強方法が間違っていないかだけ、チェックしましょう。
200	自分の好きな話題は、子どもから話してくれる。学校でのできごとや悩みなども、こちらが聞けばある程度は答えてくれる。家族の仲もいいため、週末に一緒にゲームをしたりすることもある。勉強については、親がしっかり動機づけをすればできる。	定期テストの2、3週間前になったら、ごほうびと目標を話し合いましょう。そのあと、１人で勉強ができない場合は一緒にやるといいです。親がサポートできない場合、塾や家庭教師などの外部サポートを入れてもいいでしょう。
100	朝起きたら「おはよう」、寝るときに「おやすみ」など、基本的な会話はできる。ただ、学校で起きたできごとなどのたわいない話は、あまりしたがらない。勉強面は、最低限やるべき宿題はきちんとできる。	一度、ごほうびと目標の話をしてみましょう。乗ってきたらそのまま進め、乗ってこなければ勉強の話はやめます。次のテストまで、なかよし貯金をためることに専念しましょう。
0	こちらの言葉に対して、返事はしてくれる。ただ、親と話をしたいという雰囲気はない。どちらかというと、しかたなく答える感じ。１人で部屋にいたいという子が多いが、ゲームをするときにリビングに来ることはある。先生や親が働きかければ、宿題はできる。ただ、何も言われないとできない子が多い。	きちんと宿題ができていたら、それをほめることが大切です。まだテスト勉強ができる状態ではないため、別冊を参考になかよし貯金をためることに専念しましょう。
−100	少しずつ親を避け始めている状態。スマホやゲーム使用のルールを守ることもできない。たまに「だるい」と言って、学校に行かない日もある。宿題もできないことがほとんど。親として、心配し始めるレベル。	宿題ができていなくても、きちんと学校に行けているならほめましょう。まずはたわいない話ができるところまで、なかよし貯金を増やさないといけません。「勉強」「宿題」というキーワードは、こちらから出さないのがポイントです。
−200	いつもイライラしていて、何か話しかけても無視することが多い。家にいる時間帯は、自室で過ごすことがほとんど。学校に行けないことも多く、子どもの性格によっては先生に反発したり、友達とケンカをしたりする。学校から「最近、○○くんの様子はどうですか？　少し心配なのですが」と電話がかかってくることも。	学校に行けなくても、子どもを責めてはいけません。子どもがリラックスできる家庭になるよう、好きなおかずを作ったり、楽しい会話をしたりするよう心がけましょう。「学校」というキーワードは、こちらから出さないのがポイントです。
−300	いつも部屋に引きこもり、リビングに出てくるのは親がいない時間帯のみ。学校にもほとんど行けず、昼夜逆転生活になることも。親が何か声をかけても「うるせえ、だまれ」という暴言が出て、こちらを拒否している状態。ひどい場合は、親に手を出したり、家の物を壊したりする。	１人で向き合うのは大変な状況です。学校、児童相談所、警察などと連携しながら、なかよし貯金を増やしましょう。精神的につらい場合、信頼できる外部機関に子どもを見てもらうのもありです。定期的に、スクールカウンセラーに話を聞いてもらうのもおすすめです。